O PRIMEIRO
FARAÓ

A SAGA DOS CAPELINOS

O Primeiro
Faraó

Albert Paul Dahoui

H
HERESIS

© 2011 by Albert Paul Dahoui

Instituto Lachâtre
Caixa Postal 164 – CEP 12914-970
Tel./Fax (11) 4063-5354
site: http://www.lachatre.com.br
e-mail: contato@lachatre.org.br

PRODUÇÃO GRÁFICA DA CAPA
ANDREI POLESSI

REVISÃO
Cristina da Costa Pereira
Kátia Leiroz

8ª edição
Maio de 2018

A reprodução parcial ou total desta obra, por qualquer meio,
somente será permitida com a autorização por escrito da Editora.
(Lei nº 9.610 de 19.02.1998)

Impresso no Brasil
Presita en Brazilo

CIP-Brasil. Catalogação na fonte

D129q   Dahoui, Albert Paul, 1947-
       O primeiro faraó / Albert Paul Dahoui – 8ª ed. – Bragança Paulista, SP :
Heresis, 2018.
       v. 3   (A saga dos capelinos, 3)
       224 p.

       1.Capela (estrela). 2.Capela (estrela) – evasão de. 3.Ahtilantê (planeta) – civilizações de. 4.Oriente Médio – civilizações antigas. 5.Literatura esotérica-romance épico. 6.Romance bíblico. 7.Jesus Cristo, c.6a - C-33.
I.Título. II.Série: A Saga dos Capelinos.

CDD   133.9   CDU 133,7
         232   232

Prólogo
Capela – 3.700 a.C.

A estrela de Capela fica distante 42 anos-luz da Terra, na constelação do Cocheiro, também chamada de Cabra. Esta bela e gigantesca estrela faz parte da Via Láctea, galáxia que nos abriga. A distância colossal entre Capela e o nosso Sol é apenas um pequeno salto nas dimensões grandiosas do universo. Nossa galáxia faz parte de um grupo local de vinte e poucos aglomerados fantásticos de cem a duzentos bilhões de estrelas, entre as quais o Sol é apenas um pequeno ponto a iluminar o céu. Capela é uma bela estrela, cerca de quatorze vezes maior do que o Sol, com uma emanação de calor levemente abaixo da de nosso astro-rei. É uma estrela dupla, ou seja, são dois sóis, de tamanhos diversos, que gravitam um em torno do outro, formando uma unidade, e, em volta deles, num verdadeiro balé estelar, um cortejo constituído de inúmeros planetas, luas, cometas e asteróides.

Há cerca de 3.700 a.C., num dos planetas que gravitam em torno da estrela dupla Capela, existia uma humanidade muito parecida com a terrestre, à qual pertencemos atualmente, apresentando notável padrão de evolução tecnológica. Naquela época, Ahtilantê, nome desse planeta, o quinto a partir de Capela, estava numa posição social e econômica global muito parecida com a da Terra do século XX d.C. A humanidade que lá existia apresentava graus de evolução espiritual extremamente heterogêneos, similares aos terrestres do final do século XX, com pessoas desejando o aperfeiçoamento do orbe enquanto outras apenas anelavam seu próprio bem-estar.

Os governadores espirituais do planeta, espíritos que tinham alcançado um grau extraordinário de evolução, constataram que Ahtilantê teria que passar por um extenso expurgo espiritual. Deveriam ser retiradas do planeta, espiritualmente, as almas que não tivessem alcançado um determinado grau de evolução. Elas seriam levadas para outro orbe, deslocando-se através do mundo astral, onde continuariam sua evolução espiritual, pelo processo natural dos renascimentos. No decorrer desse longo processo, que iria durar cerca de oitenta e quatro anos, haveria novas chances de evolução aos espíritos, tanto aos que já estavam jungidos à carne, como aos que estavam no astral – dimensão espiritual mais próxima da material – por meio das magníficas oportunidades do renascimento. Aqueles que demonstrassem endurecimento em suas atitudes negativas perante a humanidade ahtilante seriam retirados, gradativamente, à medida que fossem falecendo fisicamente, para um outro planeta que lhes seria mais propício, para que continuassem sua evolução num plano mais adequado aos seus pendores ainda primitivos e egoísticos.

A última existência em Ahtilantê era, portanto, vital, pois ela demonstraria, pelas atitudes e atos, se o espírito estava pronto para novos voos, ou se teria que passar pela dura provação do recomeço em planeta ainda atrasado. A última existência, sendo a resultante de todas as anteriores, demonstraria se a alma havia alcançado um padrão vibratório suficiente para permanecer num mundo mais evoluído, ou se teria que ser expurgada.

Os governadores espirituais do planeta escolheram para coordenar esse vasto processo um espírito do astral superior chamado

Varuna Mandrekhan, que formou uma equipe atuante em muitos setores para apoiá-lo em suas atividades. Um planejamento detalhado foi encetado de tal forma que pudesse abranger de maneira correta todos os aspectos envolvidos nessa grave questão. Diversas visitas ao planeta que abrigaria parte da humanidade de Ahtilantê foram feitas e, em conjunto com os administradores espirituais desse mundo, o expurgo foi adequadamente preparado.

Ahtilantê era um planeta com mais de seis bilhões de habitantes e, além dos que estavam renascidos, ainda existiam mais alguns bilhões de almas em estado de erraticidade. O grande expurgo abrangeria todos, tanto os renascidos como os que estavam no astral inferior, especialmente, aqueles mergulhados nas mais densas trevas. Faziam também parte dos candidatos ao degredo os espíritos profundamente desajustados, além dos assassinos enlouquecidos, os suicidas, os corruptos, os depravados e uma corja imensa de elementos perniciosos.

Varuna, espírito nobilíssimo, que fora político e banqueiro em sua última existência carnal, destacara-se por méritos próprios em todas as suas atividades profissionais e pessoais, tendo sido correto, justo e íntegro. Adquirira tamanho peso moral na vida política do planeta, que era respeitado por todos, inclusive seus inimigos políticos e adversários em geral. Este belo ser, forjado no cadinho das experiências, fora brutalmente assassinado por ordem de um déspota que se apossara do império Hurukyan, um dos maiores daquele mundo.

Ahtilantê era um planeta muito maior do que a Terra e apresentava algumas características bem diferentes das do nosso atual lar. Sua gravidade era bem menor, sua humanidade não era mamífera, mas oriunda dos grandes répteis que predominaram na pré-história ahtilante. A atmosfera de Ahtilantê era bem mais dulcificante do que a agreste e cambiante atmosfera terrestre. Tratava-se de um verdadeiro paraíso, um jardim planetário, complementado por uma elevada tecnologia.

As grandes distâncias eram percorridas por vimanas, aparelhos similares aos nossos aviões, e a telecomunicação avançadíssima permitia contatos tridimensionais em videofones com quase todos os quadrantes do planeta, além de outras invenções fantásticas, especialmente na área da medicina. Os ahtilantes estavam bastante adiantados em termos de viagens espaciais, já tendo colonizado as suas duas luas. Porém, essas viagens ainda estavam na alvorada dos grandes deslocamentos que outras civilizações mais adiantadas, como as de Karion, já eram capazes de realizar.

Karion era um planeta do outro lado da Via Láctea, de onde viria, espiritualmente, uma leva de grandes obreiros que em muito ajudariam Varuna em sua árdua missão. Todavia, espiritualmente, os ahtilantes ficavam muito a desejar. Apresentavam as deficiências comuns à humanidade da categoria média em que se encaixam os seres humanos que superaram as fases preliminares, sem ainda alcançarem as luzes da fraternidade plena.

Havia basicamente quatro raças em Ahtilantê: os azuis, os verdes, os púrpuras e os cinzas. Os azuis e verdes eram profundamente racistas, não tolerando miscigenação entre eles; acreditavam que os cinzas eram de origem inferior, podendo ser utilizados da forma como desejassem. Naquela época, a escravidão já não existia, mas uma forma hedionda de servilismo econômico persistia entre as nações. Por mais que os profetas ahtilantes tivessem enaltecido a origem única de todos os espíritos no seio do Senhor, nosso Pai Amantíssimo, os ahtilantes ainda continuavam a acreditar que a cor da pele, a posição social e o nome ilustre de uma família eram corolários inseparáveis para a superioridade de alguém.

Varuna fora o responsável direto pela criação da Confederação Norte-Ocidental, que veio a gerar novas formas de relacionamento entre os países-membros e as demais nações do globo. A cultura longamente enraizada, originária dos condalinos, raça espiritual que serviu de base para o progresso de Ahtilantê, tinha uma influência decisiva sobre todos. Os governadores espirituais aproveitaram todas as ondas de choque: físicas, como guerras, revoluções e massacres; culturais, como peças teatrais, cinema e livros; e, finalmente, telúricas como catástrofes que levassem as pessoas a modificarem sua forma de agir, de pensar e de ser. Aqueles, cujo sofrimento dos outros e os seus próprios não os levaram a mudanças interiores sérias, foram deportados para um distante planeta azul, que os espíritos administradores daquele jardim ainda selvático chamavam de Terra.

Esse processo, envolvendo quase quarenta milhões de espíritos degredados, que foram trazidos à Terra por volta de 3.700 a.C., foi coordenado por Varuna Mandrekhan e sua equipe multissetorial. Os principais elementos de seu grupo foram: Uriel, uma médica especializada em psiquiatria, a segunda em comando; Gerbrandom, uma alma pura que atingira a maioridade espiritual em outro planeta e viera ajudar no degredo em Ahtilantê; e Vartraghan, chefe dos guardiões astrais que, em grande número, vieram ajudar Varuna a trazer os degredados. Além desses personagens, havia Radzyel, Sandalphon, Sraosa e sua mulher Mkara, espíritos que muito ajudariam os capelinos, e também a belíssima figura de Lachmey, espírito do mundo mental de Karion, que, mais tarde, rebatizada como Phannuil, seria o espírito feminino mais importante para a evolução da Terra, coordenando vastas falanges de obreiros em permanente labuta para a consecução dos desígnios dos administradores espirituais.

Os capelinos foram trazidos em levas que variavam de vinte mil a mais de duzentas mil almas. Vinham em grandes transportadores astrais que venciam facilmente as grandes distâncias siderais, comandados por espíritos especialistas, sob a direção segura e amorosa dos administradores espirituais.

A Terra, naquele tempo, era ocupada por uma plêiade de espíritos primitivos, que serão sempre denominados de terrestres para diferenciá-los dos capelinos, que vieram degredados para aqui evoluírem e fazerem evoluir. Uma das funções dos capelinos, aqui na

Terra, era serem aceleradores evolutivos, especialmente no terreno social e técnico. Mesmo sendo a escória de Ahtilantê, eles estavam à frente dos terrestres em termos de inteligência, aptidão social e intelectual e, naturalmente, sagacidade. Os terrestres, ainda muito embrutecidos, ingênuos e apegados aos rituais tradicionais, que passavam de pai para filho, pouco ou nada criavam de novo. Cada geração repetia o que a anterior lhe ensinara, de forma muito similar à que vemos entre nossos silvícolas que repetem seus modos de vida há milhares de anos, sem nenhuma alteração.

Havia entre os exilados um grupo de espíritos que, em Ahtilantê, se intitulava 'alambaques', ou seja, 'dragões'. Esses espíritos, muitos deles brilhantes e de inteligência arguta e afiada, eram vítimas de sua própria atitude negativa perante a existência, preferindo ser críticos a atores da vida. Muitos deles se julgavam injustiçados quando em vida e, por causa disso, aferravam-se em atitudes demoníacas. Esses alambaques tinham desenvolvido uma sociedade de desregramentos e abusos, sendo utilizados pela justiça divina como elementos conscientizadores dos seres que cometiam atos cujo grau de vilania seria impossível descrever.

Essa súcia, todavia, era filha do Altíssimo e, mesmo candidata à deportação, deveria ser a artífice do exílio. Como eles dominavam vastas legiões de espíritos embrutecidos na prática do mal, era-lhes mais fácil comandá-los do que aos guardiões astrais, que não existiam em número suficiente para uma expedição expiatória dessa envergadura. Por causa disso, Varuna e seu guardião-mor, Vartraghan, foram até as mais densas trevas, numa viagem inesquecível, para convidar os poderosos alambaques a unirem-se a eles e ajudarem as forças da evolução e da luz triunfarem.

Varuna, por sua atitude de desprendimento, de amor ao próximo e de integridade e justiça, foi acolhido, após algum tempo, pela maioria dos alambaques como o grande mago, o Mykael, nome que passaria a adotar como forma de renovação que ele mesmo se impôs ao vir para a Terra. A grande missão de Mykael era não apenas a de trazer as quase quarenta milhões de almas capelinas para o exílio, mas, também e fundamentalmente, levá-las de volta ao caminho do Senhor totalmente redimidas.

No grande renovação que Varuna e Lachmey promoveram, muitos foram os que trocaram de nome para esquecerem Ahtilantê e se concentrarem no presente, na Terra. Varuna tornou-se Mykael, o arcanjo dominador dos dragões. Lachmey passou a se chamar Phannuil, a face de Deus. Gerbrandom, Raphael; Vartraghan, também conhecido entre os seus guardiões como Indra, tornou-se Kabryel, o arcanjo; Vayu, seu lugar-tenente, passou a se intitular Samael, que foi muitas vezes confundido com o mítico Lúcifer, o portador do archote, o carregador da luz.

O início da grande operação de redenção na Terra foi na Suméria, quando Nimrud, espírito capelino renascido, conseguiu, entre atos terríveis e maldades tétricas, implantar a primeira civilização em Uruck. Os alambaques, entretanto, que tinham a missão não só de trazer os degredados como também de guiá-los, estavam excessivamente soltos, o que faria com que Mykael ordenasse a alteração dos padrões de comportamento dos dragões para não somente fazê-los ser guias de lobos – chefes de matilhas –, como também modificarem seu íntimo para tornarem-se cordeiros de Deus.

Ficou estabelecido que a Suméria seria o local onde começariam a execução do projeto, devido às enormes facilidades para se desenvolver uma sociedade onde a agricultura seria a pedra angular, devido ao fértil vale criado pelo transbordamento dos dois rios irmãos, o Tigre e o Eufrates. Outros locais também foram programados de forma que a vinda dos capelinos influenciasse várias regiões do globo, tais como a Europa, inicialmente entre os celtas; a Índia, no vale do Hindu; posteriormente, outros povos indo-europeus; e, no Extremo Oriente, a Tailândia e a China.

Uma das regiões que se tornariam de suma importância para o desenvolvimento da cultura, tecnologia e civilização mundial seria o Egito, outra área que fora escolhida para a imersão na matéria dos espíritos capelinos. Seria nessas longínquas plagas que essas almas conturbadas viriam a estabelecer uma civilização monumental de proporções absolutamente grandiosas.

Usaremos os nomes antigos, como eram conhecidos pelos próprios egípcios. O Egito era chamado de Kemet, ou seja, terras negras. O rio Nilo era conhecido como Iterou. A palavra 'Nilo' derivou das palavras *'hamita nili'*, que significam cheia do rio. *'Nili'* é, portanto, um dos estados do rio Iterou.

Por volta de 3.600 a. C., os espíritos superiores determinaram que os alambaques levassem para aquelas plagas, com o intuito de desenvolver o Kemet, vários grupos de sumérios. Alguns desses grupos foram dizimados pelo caminho, e outros foram desviados, indo parar em outros lugares. No entanto, três deles chegaram ao vale do Iterou e implantaram, gradativamente, sem violência ou conquistas sangrentas, a civilização. Um dos grupos se localizou em Ahmar, perto de onde hoje é a cidade do Cairo. Os outros dois se instalaram no sul, vindo a fundar Nubt, conhecido hoje como Naqada.

Durante um largo período de tempo, conhecido como a Era dos Deuses, os capelinos implementaram alterações estruturais, tecnológicas e sobretudo culturais que, fundindo-se com os milenares e primitivos costumes hamitas, vieram a constituir a famosa civilização egípcia. O grupo de Ahmar fundou as cidades de Perouadjet, também conhecida como Buto, e Zau, conhecida como Saís. Enquanto isso, no sul, os dois grupos fundidos de sumérios fundariam a cidade de Ouaset, também conhecida pelo nome grego de Tebas.

Muitos dos capelinos degredados tornaram-se famosos pelos seus atos, que viraram lendas dessa época. Um deles foi Aha Harakty, mais conhecido como Rá ou Ré, e seu pai Ptah, que se tornou famoso pelas suas obras de contenção e desvio do rio Nilo. Além deles, outros capelinos degredados tornaram-se conhecidos como deuses da antiguidade, entre eles Amon, o lugar-tenente de

Rá. No entanto, ninguém se tornou mais conhecido e amado pelo povo de Kemet do que Osíris.

Ele foi rei do Kemet e, durante sua profícua administração, o povo pobre e abandonado, os felás, teve a oportunidade de ter um pedaço de terra para cultivar, além de receber subsídios, ensinamentos e investimentos na primeira grande reforma agrária do mundo. Era um capelino que viera em missão sacrificial junto a sua eleita do coração, que se tornaria a sua esposa e rainha, conhecida como Ísis. O amor desses dois seres seria conhecido no mundo inteiro pela lenda de Osíris e Ísis. Entretanto, esta bela história de amor terminou tragicamente com a vilania do meio-irmão, Seth, o terrível, que, na tentativa de assassinar Osíris, levou-o à tetraplegia, após um golpe desfechado na nuca. Seth, sob a influência de uma alambaque chamado Garusthê-Etak, e seu braço-direito Aker tumultuariam o reinado com uma guerra civil sangrenta, que terminaria por esfacelar o Kemet em três reinos, dois no delta, região chamada de Baixo Egito, com capitais em Perouadjet e Djedu, e um no Alto Egito, com capital em Téni.

Os espíritos superiores, no entanto, velam e, por meio da atividade incessante de Kabryel, tomariam novas medidas para unificar a região que fora separada pela atividade tenebrosa do alambaque Garusthê-Etak, que havia influenciado Seth a destruir aquilo que Rá e seus descendentes haviam construído com tanto empenho. Começaria, portanto, um novo capítulo da saga dos capelinos no Kemet.

Prefácio
Astral Superior
Aproximadamente 3.100 a.C.

Kabryel mantinha conferência com um grupo de espíritos, entre eles o doce Osíris, que, naquele momento, estava sendo guindado a coordenador-geral do Kemet.

– Mestre Osíris, os nossos superiores já toleraram em demasia os excessos de nossos irmãos capelinos.

Osíris meneava a cabeça tristemente, pois desde a sua morte, há mais de trezentos anos, ele seguia de perto a tragédia do esfacelado Kemet. Durante esse longo período ele foi levado pelos seus guias a lugares extraordinários, onde teve a oportunidade de aprender coisas maravilhosas. Como complemento de sua evolução, ele renasceu, mais uma vez, em Ahtilantê, e teve uma vida profícua, terminando a missão com a qual ele havia se comprometido, na área agrícola, como Ken-Tê-Tamkess.

Quando terminou sua existência como ahtilante, já no mundo espiritual, sentiu irrefragáveis saudades a lhe corroerem o coração. Seus guias espirituais o levaram a um estado de regressão e ele recuperou a memória, lembrando-se de tudo o que fizera e sofrera no Kemet. Mas a sua angústia havia sido gerada pelo amor infindo que sentia por sua bela Ísis, e este foi o grande motivo para voltar à Terra, o de reencontrar a sua amada.

– Este estado de guerra foi usado para aprimorar os caracteres embrutecidos dos nossos irmãos ahtilantes, que, no cadinho abrasador da guerra, da miséria e do indizível sofrimento da perda dos seres amados, da dilaceração de membros, de olhos vazados, transformou os endurecidos capelinos em seres mais maleáveis, prontos para receberem os influxos de uma civilização mais amorosa e humana.

Osíris, nome que ele retomara na volta de Ahtilantê como lembrança de sua nobilitante atividade em prol dos desvalidos, entendia perfeitamente que a justiça divina nos leva a passar pela forja da existência com o intuito de desenvolver o que há de melhor em nós.

Kabryel, que já participava do mundo mental, prosseguiu em sua explanação.

– No entanto, é chegada a hora de construir uma civilização de paz e de amor no vale do Iterou. Os três reinos precisam ser unidos para, juntos, formarem uma nação próspera que ofereça oportunidades redentoras para todos os seus filhos. Nós escolhemos você, doce Osíris, pois, além de inegáveis méritos e conhecimentos que você tem, somam-se a tais qualidades o amor a esta terra que uniu você e sua doce amada, Ísis.

Osíris estava há mais de cinquenta anos de volta à Terra. Ele havia trabalhado nas hostes de Vayu, sob o comando direto de Orofiel, um operador astral de grande reputação, que seria fundamental na constituição de uma grande nação que ainda haveria de nascer em alguns milênios. Ele acompanhara de longe, sem poder interceder, a evolução de Ísis.

Ela havia renascido três vezes, sendo uma delas como escrava de um potentado cananeu, tendo sido muito maltratada. Depois dessa existência, ela havia purgado muitas das deficiências que seu espírito tivera. Deste modo, a partir da última existência que terminara há vinte anos, Osíris e Ísis voltaram a ficar juntos.

Naquele instante, Ísis, que participava daquela reunião, pois era um espírito do astral superior, olhou com ternura para Osíris, que sorriu suavemente de volta para ela.

Kabryel, prosseguiu:

– Queremos, mais uma vez, que você se dedique a edificar uma civilização no Kemet. Você será o coordenador dos obreiros do local. Terá que organizar um projeto para reunificar o que foi disperso por Seth.

Osíris lembrava-se do horror da guerra encetada por Seth e seu braço-direito, Aker. Por onde andariam esses dois espíritos conturbados? Kabryel captou instantaneamente a pergunta mental de Osíris e lhe respondeu ato-contínuo:

– Aker e Seth já renasceram algumas vezes nesses trezentos e tantos anos, sendo que agora Aker é o mais novo rei de Perouadjet. Por sua vez, Seth será o seu primogênito que está para nascer. Aker, como novo rei de Perouadjet, deseja reunir o Norte e o Sul, mas as forças trevosas têm conseguido impedi-lo, seja criando forças internas que o obrigam a um enorme cuidado, seja por meio de uma luta intensa que ele está mantendo com o reino oriental do delta. Ele tem tudo para derrotá-los, pois é um valoroso guerreiro, um bom estrategista e um líder para seus homens, enquanto que o rei de Djedu, seu adversário, é um velho alquebrado e seus herdeiros, tímidos. Esta guerra, no entanto, parece que vai consumir não só suas reservas humanas como também sua energia física.

Osíris entristeceu-se em saber que seu amado Kemet ainda estava envolto em guerras e sangrentos conflitos.

– Saiba, querido Osíris, que Deus, nosso amantíssimo Pai, oferece inúmeras oportunidades de redenção. Se Seth tomou as atitudes que tomou, foi porque, entre outras coisas, estava sob a influência perniciosa de Garusthê-Etak, o alambaque.

Osíris surpreendeu-se com o fato esquecido. Realmente, ele não se lembrava mais do infeliz demônio que tanta desgraça havia trazido ao Kemet.

Nesse momento, Osíris, perguntou a Kabryel:
— Mestre Kabryel, por onde anda Garusthê-Etak?
— Contar a história dele tomaria muito tempo, mas como achamos que ele será de inegável importância na unificação, creio que seja aconselhável você conhecer tudo a respeito desse estranho e sinistro personagem.

Assim dizendo, o majestoso arcanjo dirigiu-se para um aparelho completamente diferente de qualquer coisa que temos na Terra; concentrou-se por alguns instantes, mentalizando, e, de dentro de uma bruma que foi se formando com grande rapidez, surgiu a figura dantesca do vil alambaque. A imagem formou-se com nitidez; cada um dos participantes parecia estar dentro do quadro como se fossem espectadores privilegiados, e assim puderam entender como um homem simples tornou-se um alambaque poderoso, revoltado e degenerado.

A imagem retornou a Ahtilantê, cerca de duzentos anos antes do Grande Expurgo. Na tela, imagens mentais de Kabryel davam forma a um jovem azul, imponente e extremamente sedutor e belo, chamado Rokburatra. Havia participado de uma das cruentas guerras que o Império Hurukyan havia travado contra um dos vizinhos. Ele pertencia à tropa de elite, tendo se notabilizado pela sua inconsequente coragem, tendo sido várias vezes laureado com medalhas de honra, coragem e devotamento acima do dever.

Após a guerra, ele não quis seguir a profissão do pai, honesto contador de uma cidade do interior, tendo se metido em várias pequenas enrascadas, até que, numa briga de bar, viu-se numa situação que mudaria o seu destino por centenas de anos.

Era noite e o bar era um dos piores da pequena cidade. Ele falava alto, gesticulava muito, contando suas intermináveis aventuras. Inicialmente, Rokburatra não se dera conta de que se tornara o centro das atenções, mas depois de alguns instantes observou, deliciado, que todos escutavam as histórias de seus combates. Insuflado pela atenção dos demais, começou a aumentar um pouco os seus feitos heroicos e, sob o efeito etílico, desandou a fazer gestos e poses. Naquele lugar, havia dois homens que escutavam a história de Rokburatra e um deles, já irritado com tanta bazófia, começou a zombar dos maneirismos do jovem. Rokburatra escutou o seu comentário desairoso e parou abruptamente seu conto, virando-se agressivamente para o homem, repreendendo-o em termos extremamente grosseiros.

Iniciou-se um bate-boca, em que cada lado tentou falar mais alto, e o nível de ódio cresceu perigosamente. Rokburatra, baseando-se em sua força e vitalidade, resolveu atacar o homem para lhe aplicar um violento corretivo. Pretendia arrebentar a cara do seu desafeto e mostrar a todos que ninguém devia zombar dele. O homem, no entanto, era um perigoso facínora, com muitos crimes nos costados, que andava armado até os dentes. Quando Rokburatra levantou-se para atacá-lo, ele sacou de uma pistola e atirou a curta distância, atingindo o jovem no peito. O projétil passou a milímetros do coração de Rokburatra, perfurando-lhe o pulmão, fazendo esguichar o sangue azul dos ahtilantes.

Rokburatra estava alcoolizado, cheio de ódio e não sentiu o impacto da bala no peito. Continuou sua desabalada carreira até o homem, que soltou a arma no instante em que foi atacado pelo gigantesco ahtilante. Rokburatra atracou-se com ele, colocando as duas mãos em forma de garra no pescoço do meliante. Este sentiu a força descomunal de Rokburatra e, assustado, conseguiu puxar de uma fina adaga que trazia escondida na cintura. Rokburatra torceu rapidamente o pescoço do homem; ouviu-se um estalo estranho; subitamente, o malfeitor ruiu nas mãos do gigante. No entanto, um segundo antes de expirar, ele conseguira enfiar a adaga na barriga de Rokburatra, que, nesse instante, sentiu uma excruciante dor. O companheiro do zombeteiro fugiu quando viu Rokburatra atacar o amigo, que, agora, jazia no chão com o pescoço quebrado, morto, enquanto Rokburatra segurava o abdômen, arriando-se lentamente no chão.

A dor fina e aguda havia se propagado por todo o baixo ventre e alfinetava suas costas. Ele sentia a terra girar, com uma sensação de dor e medo. "Será que estou morrendo?" Não queria morrer. Tinha tanta coisa para fazer ainda na vida!

Entrou no hospital em extrema agonia. Sangrava abundantemente das duas feridas. O médico que o atendeu o fez com a certeza de que se tratava de um caso terminal. Colocou-o na mesa de cirurgia – uma mesa tosca, suja, impregnada de sangue coagulado em estado de putrefação, cheirando abominavelmente mal – e costurou como pôde seu ventre antes que seu intestino saísse pelo orifício. Para fechar as tripas, abriu ainda mais o ferimento, suturou de qualquer modo e depois fechou com pontos largos e mal dados a barriga. Quanto ao tiro, perfurara o pulmão e a bala saíra pelas costas. Deu-se por feliz, preferindo não fazer nada a não ser tentar estancar a sangradura com compressas e um remédio coagulante.

Rokburatra fora mantido à base de um poderoso tranquilizante. Não estava adormecido, e sim embotado. Sentia as dores, mas parecia que estava longe, sem possibilidades de ação. A operação durou pouco mais de uma hora. Depois, ele foi levado para uma enfermaria ainda mais suja do que a sala de operação. Algumas horas depois, o efeito do tranquilizante começou a desaparecer e uma horrível sensação o foi substituindo. Era uma dor acachapante que lhe invadia todo o corpo, dando-lhe a impressão de estar sendo torcido por uma torquês. Começou gemendo baixinho para, depois de certo tempo, gritar e urrar de dor.

As enfermeiras vieram acudi-lo, mas não havia nada que pudessem fazer. Chamaram o médico que prescreveu uma injeção à base de miridina – poderosa droga alucinógena. Ele o fez contrariado, sabendo que aquilo iria aplacar a dor, mas também o viciaria de forma irremediável. Mas, como achava que o infeliz não sobreviveria, resolveu dar-lhe o remédio para, pelo menos, não ouvir mais os seus urros.

A injeção foi aplicada e em segundos chegou ao cérebro de Rokburatra. A poderosa droga explodiu em sua mente com um longo silvo e uma sensação de bem-estar inacreditável. A dor ficara para trás, tudo ficara para trás, as angústias, o medo do futuro, tudo ficara para trás. Não existiam mais. Uma impressão de bem-aventurança tomou conta de seu organismo e ele pareceu flutuar. Não estava mais no hospital, deitado naquele catre abominável. Estava agora num mundo de sensações e luzes, de leveza e, ao mesmo tempo, de poder.

Rokburatra não sabia quanto tempo ficara nesse estágio, mas, quando voltava à dura realidade, sentia dores insuportáveis e voltava a urrar como um louco. E mais uma vez a droga lhe era injetada, e novamente ele voltava ao seu céu particular. A situação se repetiu por mais de uma semana. Durante este tempo, ele teve uma infecção intestinal e quase morreu de tanto evacuar. A alimentação líquida lhe era servida por uma sonda que ia até o estômago, ferindo-lhe a traqueia. Mas, na maior parte do tempo, ele não sabia de nada do que se passava com ele, estando sempre em completa inconsciência devido ao poderoso alucinógeno.

No final de duas semanas, estranhamente para o médico, que o julgava moribundo, Rokburatra voltou a si. Tinha perdido peso e encontrava-se fraco e desorientado. Não falava coisa com coisa, parecendo mais um lunático do que um ser humano normal. Aos poucos, foi retomando consciência de seu estado, parando de falar sandices e de se comportar como um desvairado, o que exigia maciças doses de calmantes que o embotavam por algumas horas. Seu organismo jovem e vigoroso recuperara-se de forma impressionante e, após três semanas de hospitalização, lhe foi dada alta, podendo retornar à casa.

Durante o tempo em que ficou fora de si, sua mãe ficara velando por ele, permanentemente. Graças ao seu esforço é que o médico e as enfermeiras não o abandonaram à própria sorte, como costumavam fazer com os menos privilegiados. Sua mãe ajudara-o a sobreviver, passando horas falando com ele, baixinho, em seu ouvido, mesmo quando estava desacordado.

O retorno à casa foi amplamente festejado. A polícia não abrira processo contra ele, pois todos haviam testemunhado que fora agredido inicialmente pela vítima. Rokburatra era o herói local e o chefe de polícia não iria manchar a reputação da pequena cidade com um processo por homicídio contra o único herói da localidade. No entanto, seu pai era o único que sabia das graves implicações do ferimento do filho. Ele sabia que, para minimizar a dor, lhe haviam ministrado miridina e que, após tal fato, seu filho estaria fatalmente viciado.

A miridina, assim como outros alucinógenos de Ahtilantê, era obtid de uma planta, servindo para diversas finalidades, entre elas, remédios contra a dor. No entanto, injetada, aspirada ou fumada, tornava-se um vício impressionante. Ela entrava na circulação do sangue, indo até o cérebro, ativando as endomorfinas, liberando-as e dando a impressão de extrema euforia. Quando misturada com outras substâncias, embotava o córtex cerebral, aliviando as sensações de dores. Era possível liberar-se do vício; no entanto, muito poucos haviam conseguido, uma vez que exigia grande força de vontade e forte apoio psicológico. O pai de Rokburatra sabia que seu filho estava inutilizado para a vida e, por isso, não sabia se ficava alegre em vê-lo recuperado ou se preferia a dor de vê-lo morto.

Os próximos dias foram terríveis para Rokburatra. Ele suava frio e não tinha vontade de fazer nada, ficando deitado o dia inteiro. Estava terrivelmente prostrado, acachapado por uma enxaqueca mortal e com tremores que o impediam de segurar qualquer coisa. Necessitava de uma dose de miridina urgentemente. Sabendo que não poderia obter a droga em local tão pouco frequentado pelos traficantes, abandonou a casa paterna, indo para Tchepuat, atrás do alívio. O pai, ciente do fato, deu-lhe algum dinheiro e despediu-se dele de forma dramática.

– Meu querido filho, lastimo tudo o que lhe tenha ocorrido. No entanto, sei que você precisa de miridina e não vejo condições de você obter esta droga maldita aqui. Vá para Tchepuat, tome uma dose deste veneno. Procure se tratar. Procure as tropas imperiais, já que elas lhe devem muito. Explique o que aconteceu e faça um tratamento para livrar-se da dependência.

Tchepuat possuía quatro milhões de habitantes. Era uma das mais belas cidades de então. Tinha um templo central, o maior Zig-Ghurar-Teh do mundo, famoso templo com mais de duzentos metros de altura, situado num parque ajardinado de mais de dez milhões de metros quadrados. O acesso se dava pelo interior, por enormes elevadores, que podiam levar cinquenta pessoas de cada vez. Existiam oito grandes elevadores, além de uma escadaria interna, pouco frequentada pelos visitantes. No topo do monumento, podia-se ver toda Tchepuat. Além deste monumento majestoso, havia o palácio e o senado imperial, que ficavam no meio de um lago artificial a que se tinha acesso por majestosas pontes.

Rokburatra conhecia bem Tchepuat, sabendo onde procurar pela droga. A polícia combatia o tráfico, mas era impotente para coibir os abusos, já que até os senadores usufruíam da droga e outros ganhavam rios de dinheiro protegendo os traficantes. Tratava-se de uma droga plantada em extensas terras, sob a supervisão de agrônomos, transportada por vimanas e, finalmente, industrializada por modernos laboratórios, que ocultavam seus crimes fabricando outros remédios de real utilidade pública. No entanto, a miridina mexia com bilhões de coroas imperiais, dinheiro bastante para corromper policiais, juízes, senadores e, até mesmo, o primeiro-cônsul, Vozulent.

Tchepuat tinha inúmeras favelas e distritos mais pobres, onde os traficantes estabeleciam suas bases de ação. Rokburatra ouvira falar deles no tempo em que estivera nas tropas imperiais, mas não surgira a oportunidade de desfrutar dos seus serviços. Agora, ele chegara faminto pela droga, almejando-a mais do que qualquer outra coisa. Sentia uma dor entre os olhos, como se a sua mente só tivesse um único objetivo.

As ruas estreitas do bairro pobre eram perigosas e à noite ficavam ainda mais ameaçadoras. Rokburatra, entretanto, não podia se dar ao luxo de ir de dia. Chegara num transporte que se arrastara por horas até a capital e agora era fundamental conseguir a droga.

Após indagar a um e outro, ele conseguiu encontrar um bordel mantido por um jovem homossexual, que ficou vivamente impressionado com sua beleza e, por uma módica quantia, aceitou fornecer-lhe a poderosa droga misturada com um álcool. Ele preparou-se para receber a injeção, refastelando-se num divã, enquanto Wickerê, o jovem adamado, preparava a seringa.

Nem toda a droga havia sido introduzida, quando Rokburatra sentiu um som alto, um espasmo de puro prazer em seu cérebro. Era realmente um 'tuiiim' longo e agradável, que o fez fremir de extenso prazer.

Nas outras vezes, como a droga era misturada com outros ingredientes, o efeito era avassalador para aplacar a dor, mas desta forma a sensação era mais branda, mais gostosa e menos explosiva. Ele não perdeu a consciência e muito menos os sentidos.

Rokburatra passou alguns momentos de esfuziante felicidade. A miridina lhe dava a sensação de ser o mais possante ser do universo, enquanto o travesti lhe ofertava um prazer sensual diferente e inebriante. Rokburatra jamais havia praticado sexo desta forma e, minutos depois, explodiu num orgasmo desmedido. Após isso, caiu para trás na cama e adormeceu, totalmente inebriado.

Nos dias que seguiram, encontramos um Wickerê cada vez mais apaixonado por um dissimulado Rokburatra, que se sujeitava aos seus carinhos por interesse: comida, drogas, um teto e prazer sensual. Wickerê apresentou-lhe um chefe de tráfico, chamado Nirdav, que teve boa impressão de Rokburatra e, quando ficou sabendo que já matara homens tanto na guerra como fora dela, ficou interessado, pois ele precisava de um assassino profissional, além de um bom guarda-costas.

Nirdav era um ahtilante típico, com cerca de dois metros e cinquenta, de pele azul e olhos azuis. Tinha cinquenta anos, dos quais mais de trinta dedicados ao tráfico de drogas. Era ele próprio um viciado e gostava de viciar a juventude. Costumava dizer que, quanto mais jovem eles iniciavam, mais dinheiro ele, Nirdav, ganhava.

Os cinco grupos que comandavam o tráfico de droga em Tchepuat eram rivais. Havia, vez por outra, uma invasão de área, com alguém do bando rival oferecendo miridina e outras drogas nas escolas ou pontos de vendas dentro do território alheio, e a tênue aliança ficava por um triz. Quase sempre as guerras entre as gangues eram abafadas pela influência de Nirdav e Soloquem, o mais velho dos traficantes.

Nirdav receava por sua vida. Não era à toa que ele trocava de guarda-costas de tempos em tempos, com medo de que os grupos rivais pudessem corromper o seu segurança e, com isso, assassiná-lo na calada da noite.

No bordel da mãe de Wickerê, havia também mulheres. Algumas eram de uma beleza sensual, como as cinzas dos montes Azincachuans, s verdes de outras terras e, especialmente, algumas púrpuras exiladas de sua terra natal no Norte. Uma delas, uma púrpura de beleza impressionante, se havia tomado de paixão por Rokburatra, que a tinha possuído com selvageria, sendo observado por um excitado e, muitas vezes, participante Wickerê. Esta mulher chamava-se Moiyadek e era amante de Nirdav. Ao saber que Rokburatra seria guarda-costas de Nirdav, a bela púrpura ficou exultante, pois, desta forma, ele não estaria longe de seus olhos.

Rokburatra mudou-se para a residência de Nirdav, uma verdadeira fortaleza situada nos arrabaldes da cidade. A mansão transpirava riqueza e luxo, com objetos vindos de todos os lugares. Havia, na imensa propriedade e algumas casas que abrigavam os empregados. Nirdav ordenou a seu braço-direito, um púrpura de expressão séria e de maus bofes, para acomodasse Rokburatra em algum lugar dentro da casa. Os dois homens tiveram instantânea aversão um pelo outro. Rokburatra, como todo ahtilante, tinha preconceito de cor. Acreditavam que eram uma raça superior aos cinzas e púrpuras, e toleravam os verdes. Por sua vez, o braço-direito de Nirdav, Kha-The-Goronsay, abominava todos os estranhos. Era desconfiado por natureza.

Rokburatra recebeu um quarto perto de Nirdav, de tal forma que pudesse socorrer o chefe em segundos. O atual guarda-costas, Mardol, um impressionante azul, logo fez amizade com Rokburatra, pois ambos eram do interior e tinham sido das tropas imperiais. Mardol mostrou-lhe todos os detalhes da casa, os seus pontos fracos e as armas modernas obtidas do próprio exército hurukyan. O nível de corrupção na polícia era tão grande que os traficantes obtinham o que bem desejassem. O mais importante eram as informações obtidas por intermédio da própria polícia.

Era muito comum, para aplacar a indignação da opinião pública, que a polícia fizesse batidas em certos locais, prendesse pequenos traficantes e apreendesse alguns quilos da droga. Toda essa operação era feita em conjunto com os traficantes. À medida que havia a apreensão e os jornais a noticiavam fartamente, a opinião pública ficava mais tranquila e relaxava a pressão sobre a polícia. Quem normalmente coordenava tal operação era Kha-The-Goronsay e o chefe de polícia da capital, um elemento tão corrupto quanto rico, que vivia em festas milionárias patrocinadas pelo tráfico com o objetivo de 'amansar' os políticos.

Rokburatra foi colocado à prova no terceiro dia de seu ingresso na gangue de Nirdav. Kha-The-Goronsay o chamou para uma conversa reservada.

– Muito bem, Rokburatra, você sabe que o trabalho aqui é muito variado e a toda hora temos que dar provas de nossa lealdade e dedicação.

Rokburatra meneou a cabeça assentindo, de certa forma contrariado. Ele era por demais direto e rude para aceitar os maneirismos afetados do braço-direito de Nirdav. No entanto, não podia dizer nada. Devia acatar as ordens que lhe eram dadas por Nirdav e por seu todo-poderoso braço-direito.

— Bem, veja que nós temos um sério problema para resolver. Há um governador provincial que tem feito um esforço sobre-humano para exterminar a plantação da miridina em sua província. Ele tem obrigado a polícia a encontrar as plantações e destruí-las.

Rokburatra olhou-o com certa curiosidade. "O que será que eu, Rokburatra, posso fazer contra um poderoso governador provincial, subordinado apenas ao primeiro-cônsul?"

— Nós já o ameaçamos, no entanto, o homem se acha indestrutível. Quanto mais nós o alertamos para os perigos, mais ele se torna inflexível.

Kha-The-Goronsay deu uma pausa em sua narrativa e, depois de alguns segundos, complementou:

— Agora, para nosso desespero, ele aprisionou nosso maior produtor local e o está mantendo preso em situação terrível. Tenho medo de que ele irá conseguir provas que possam nos incriminar. Na sua opinião, o que devemos fazer com ele?

A pergunta era sutil. É óbvio que Kha-The-Goronsay já tinha uma resposta. Ele só queria induzir Rokburatra. O jovem pensou por um segundo e respondeu:

— A primeira ideia seria matá-lo, no entanto assassinar um governador provincial suscitaria um clamor terrível na opinião pública.

Kha-The-Goronsay ficou obviamente contrariado com a resposta. Um assassino profissional não deve ser pago para pensar. Deve obedecer.

— Ah, é?! E o que você sugere?

— Devemos atingi-lo em sua honra e no seu ponto fraco. Este homem tem família?

Kha-The-Goronsay olhou-o surpreso. Não esperava um raciocínio tão tenebroso de um simples homem do campo.

— Creio que sim.

— Devemos descobrir seu ponto fraco. Pode ser que seja uma filha ou um filho. Ou, quem sabe, uma amante. Temos que encontrar um local macio em sua armadura e desferir um golpe desmoralizante.

— O que você sugere?

— Dê-me dois dias para descobrir o que este homem mais preza e deixe que eu o desmoralize.

Kha-The-Goronsay estava maravilhado com Rokburatra. O rapaz era mais do que os olhos podiam ver. Ele era caliginoso, o que era uma delícia para o perverso braço-direito.

— Sim, mas não faça nada sem antes falar comigo.

Rokburatra saiu à cata de informações. Primeiro, foi falar com Wickerê e perguntou quem poderia lhe falar do governador provincial e de suas intimidades. Wickerê, após pensar por algum tempo, respondeu-lhe que tinha um amigo, um homossexual, na capital provincial. Esse moço trabalhava num jornal local e, como era colunista social, conhecia todas as fofocas da província.

Rokburatra explicou que precisava conhecer o ponto fraco do governador, pois o cartel das drogas desejava desmoralizá-lo. Deu-lhe uma versão fantasiosa dos eventos e Wickerê, apaixonado por Rokburatra, videofonou para seu amigo. No final da tarde, Rokburatra já tinha urdido seu plano. De noite, ele explicava detalhadamente seus desígnios a Kha-The-Goronsay, que já o via com outros olhos. No outro dia seu plano era aprovado por Nirdav e Rokburatra partia para a província para a consecução de seu projeto.

Três dias mais tarde estourava o escândalo: a filha do governador fora encontrada morta por uma dose excessiva de miridina. Para complicar ainda mais o trágico quadro, a moça morrera durante uma orgia. Pelo menos assim demonstrava o ambiente cheio de copos, garrafas de vinho e outras bebidas, além de muita miridina espalhada. A casa era do atual namorado da moça, que se encontrava foragido. A polícia deu o alerta para procurá-lo, mas ele jamais seria encontrado.

Rokburatra com dois comparsas da gangue de Nirdav haviam surpreendido o jovem casal na casa do namorado e dado miridina em estado quase puro à moça. Ela morreu estrebuchando na frente do namorado, que, impotente, só pôde assistir horrorizado a tudo. Rokburatra preparou o ambiente com esmero, colocando os copos, as garrafas vazias e desarrumando a casa para dar a impressão de que houvera um bacanal no lugar. Depois disso, levaram o rapaz, amordaçado e manietado, o mataram com um tiro na nuca e o enterraram no canteiro de uma obra, onde, no outro dia, toneladas de pedra, brita e cimento haveriam de sepultá-lo para sempre.

Nirdav não podia estar mais satisfeito. O governador ficara tão desmoralizado que parara de insistir na caçada aos traficantes. Ele sabia que sua filha nunca se viciara em miridina, e a própria polícia desconfiou de que a moça fora assassinada. O médico legista informou ao chefe de polícia e este ao governador que a dose de miridina fora excessivamente pura e que não era encontrada no mercado de tráfico, com exceção dos laboratórios clandestinos de refino. O governador, portanto, convenceu-se de que a sua adorada filha fora assassinada. No entanto, não reagiu com fúria e espírito de vingança. Pelo contrário, ficou acovardado, temendo que algo semelhante pudesse acontecer com seu outro filho ou com a esposa. Mandou reforçar a guarda em torno dos entes amados e parou com sua cruzada antidroga.

Rokburatra recebeu seu primeiro pagamento acrescido de um prêmio especial, o qual foi gastar com Wickerê e Moiyadek, numa festança de primeira. Possuiu os dois, alternadamente, num apetite sexual aumentado pela miridina misturada ao álcool.

Alguns dias depois, ele receberia sua próxima missão. Nirdav abominava um dos homens fortes de um bando rival. Ele achava, com razão, que Gostrak vivia induzindo o chefe do bando a declarar uma guerra de gangues. Nirdav sabia o quanto isso poderia ser nefasto e resistia à pressão de seus homens. Várias vezes seu território fora invadido, mas ele sempre relevava para não gerar um conflito inútil. No entanto, agora a situação chegara ao impasse. Ou ele eliminava aquele homem ou acabaria por haver guerra.

Rokburatra deveria eliminar aquele homem sem, no entanto, gerar suspeitas. O ideal seria que ele fosse atropelado ou sofresse algum infortunado acidente. Mas era tarefa muito difícil, pois ele vivia cercado de seus próprios guarda-costas.

Rokburatra aprendeu os costumes da futura vítima, onde morava, seus hábitos e até mesmo seu gosto sexual. Nada mais normal para um bandido. Ele tinha uma vida pacata e solitária. Seu apetite sexual era moderado e só ocasionalmente ele saía com alguma prostituta. Havia, contudo, um hábito que ele cultivava. Toda noite, antes de dormir, ele gostava de fazer sua própria infusão quente.

Ele abria o gás, riscava uma espécie de fósforo reaproveitável, colocava a água para ferver por um minuto e, depois, no próprio fogo, adicionava o pó da erva, que se dissolvia, fazendo uma infusão de gosto levemente amargo. O chá era considerado bom para o estômago e o ajudava a adormecer. Tomava-o lentamente, sorvendo cada gota, enquanto pensava nas coisas que deveria fazer no outro dia. Finalmente, ia para a cama dormir em sua fortaleza.

Rokburatra falou com um químico do laboratório clandestino de Nirdav e descobriu coisas interessantes. Dois dias depois, quando Gostrak abriu o gás e riscou o fósforo, uma explosão sensacional aconteceu. Foi tão forte que implodiu a casamata onde se abrigava Gostrak. A polícia técnica levou dias para reunir os pedaços do corpo volatilizado do infeliz e Rokburatra acrescentou um grande prêmio ao seu salário. Nunca ninguém descobriu como ele introduzira um gás especial no bujão, um gás que, misturado com certas substâncias, era tão instável que poucos ousavam trabalhar com ele. Quando misturado com o gás de cozinha, tornava-se explosivo e só bastava uma pequena centelha para torná-lo uma potente bomba.

Rokburatra tornou-se um perito em matar sem deixar vestígios. Quando era necessário fabricar um acidente, lá estava ele com sua engenhosidade, sua astúcia e, por que não dizer, arte. Ele engendrava os mais complicados esquemas, mas sempre levava o seu intento a cabo. Deste modo, ele começou a amealhar uma razoável fortuna em bônus e prêmios.

Foi neste período da vida de Rokburatra que o velho imperador morrera. O seu filho havia morrido de uma doença misteriosa que abalara o velho pai. Desde então a sucessão imperial iria ficar na mão do sobrinho preferido do último dos monarcas hurukyan. Os nobres, todos senadores vitalícios, já haviam decidido que não teriam mais um outro imperador. Era preferível que o poder ficasse exclusivamente com o primeiro-cônsul, a ser eleito de cinco em cinco anos entre os seus pares.

Já de muito haviam decidido que, assim que o senil chefe de estado morresse, ele não seria substituído. Seu cargo ficaria vago e o império tornar-se-ia uma república. No entanto, o povo deveria ser contentado. Todos gostavam de dizer que pertenciam ao mais velho império de Ahtilantê. Deste modo, manteriam o título de império, mesmo sendo uma república.

Agora, com a morte do imperador, a situação tornar-se-ia tensa. Os senadores imperiais não desejavam que o sobrinho do imperador subisse ao poder e sabiam que uma pequena parcela do exército lhe era fiel. Deviam, portanto, tomar uma medida drástica, eliminando-o de forma subreptícia. Não poderiam mandar esbirros matá-lo porque corriam o risco de ser presos e desmascarados. Precisavam usar de um ardil para eliminá-lo e, mais do que isso, se falhassem, os senadores deveriam parecer inocentes. Um deles, conhecedor e participante como investidor do grande esquema das drogas, teve a ideia de usar o cartel contra o sobrinho do imperador e seus sequazes. Era necessário eliminar mais de oito pessoas importantes.

Nirdav foi chamado pelo senador, seu sócio secreto, e urdiram um plano macabro. Deveriam procurar matar o sobrinho e seus principais amigos e ajudantes, numa única noite, de uma só vez.

Deveria parecer um acidente. Por mais que o público não acreditasse, bastaria não ter ninguém para suceder ao imperador para que todos ficassem calmos, aceitando o novo *status quo*, sem nenhuma resistência. Afinal das contas, todos sabiam que o rei reinava mas não governava.

Nirdav chamou Rokburatra e explicou-lhe em detalhes o que desejava dele. Disse-lhe que, se fosse aprisionado vivo, deveria incriminar parentes do herdeiro e nunca Nirdav. Rokburatra, por outro lado, seria remunerado de forma tão régia que jamais iria se preocupar com dinheiro pelo resto de sua vida.

Rokburatra não podia articular um extenso assassinato sozinho. Ele precisaria de ajudantes. Ele tinha dois amigos de vício – a miridina passara a ser consumida de forma permanente em doses diárias cada vez maiores – que poderiam ajudá-lo. Ele os reuniu, explicando o que deveriam fazer e, mais uma vez, recorreu a Wickerê para saber dos hábitos do herdeiro.

Horas depois, entre beijos e abraços, Wickerê contava-lhe que o sobrinho era um acostumado frequentador de um dos mais ricos bordéis da cidade. Normalmente costumava fechar o lupanar só para si e sua *entourage*, exigindo os serviços mais libidinosos e as mulheres mais especiais, pagando os mais exorbitantes preços. Rokburatra entendeu que deveria executar seu plano naquele local.

Dois dias depois da morte do imperador, após a cerimônia de sua cremação, o herdeiro, que seria declarado o novo monarca, resolveu comemorar a sua iminente ascensão ao trono com mais um bacanal. Mandou reservar o bordel e solicitou as mais belas mulheres, os melhores vinhos e os mais refinados acepipes. Sua segurança, agora reforçada, vistoriou o local cedo, de manhã, e colocou-se a postos. Ninguém poderia entrar ou sair, sem permissão especial.

Moiyadek fora requisitada, pois eram raras as púrpuras em Hurukyan, quanto mais uma de beleza tão impressionante como ela. Rokburatra sabia de tudo isso e articulou com frieza o seu sórdido plano.

Moiyadek entrou no bordel às sete horas da noite levando consigo sua maleta com uma muda de roupa. Ela deveria fazer uma apresentação especial, dançando uma das mais provocativas danças de seu folclore natal. Na sua bolsa, sem que soubesse, havia um pequeno explosivo, inserido no fundo falso da maleta.

Às nove horas da noite, a comitiva de amigos do herdeiro chegou escoltando-o para sua noitada de farras e libações. Perto de meia-noite, quando a festa já ia chegando ao seu clímax e Moiyadek já havia entretido todos com sua beleza, uma explosão aconteceu nos camarins. Neste instante, os guardas correram para ver do que se tratava. Abandonaram seus estratégicos postos e embrenharam-se no meio da fumaça e dos gritos de medo das mulheres.

Neste momento, Rokburatra e seus dois comparsas saíram da escuridão de frente da casa e, em poucos segundos, estavam adentrando o grande salão atirando em tudo o que se mexia. As mulheres, os serventes e os convidados tombaram sob uma saraivada de balas.

Os guardas, em número de seis, ao ouvirem os primeiros tiros, voltaram dos camarins, mas, assim que entraram no salão, também foram metralhados por Rokburatra e os seus dois sicários. Em menos de trinta segundos, tanto os guardas, como os demais participantes da orgia estavam mortos ou feridos com gravidade.

Rokburatra procurou com cuidado o herdeiro e, vendo-o caído, resolveu dar-lhe mais dois tiros à queima-roupa para se assegurar de que estava realmente morto. O assassino deu ordens para que todos fossem fuzilados. Moiyadek estava entre os feridos e Rokburatra aproximou-se dela, sendo reconhecido pela bela prostituta, que levantou os braços, pedindo-lhe ajuda. Ela estava deitada com uma bala no peito e tudo indicava que morreria. Rokburatra, com frieza, disse-lhe:

– Adeus, minha bela.

Mirou em sua cabeça e disparou. Moyadek caiu para trás, morta, e Rokburatra já estava indo à caça de outro sobrevivente para exterminá-lo.

Em um minuto todos estavam mortos. Rokburatra deu ordens:
– Incendeiem a casa.

Um dos homens saiu correndo, voltando em seguida com um bujão, de onde derramou o líquido por todos os lados. Rokburatra apressou-o ainda mais e saíram rapidamente, enquanto o gigante jogava uma pequena bomba e corria para procurar abrigo. A granada explodiu e o fogo tomou conta da casa. Toda a operação durara três minutos. O herdeiro fora chacinado.

No outro dia, os jornais noticiaram que o herdeiro havia perecido num acidente envolvendo um lamentável incêndio enquanto se preparava para uma reunião com seu futuro ministério, quando iria discutir os magnos assuntos de Estado.

O incêndio fora tão terrível, que tornou muito difícil o reconhecimento dos corpos. Houve mais uma cremação do que restou do corpo do sobrinho e nada mais se falou do assunto. Rokburatra, por sua vez, embolsava uma fortuna considerável, mesmo após ter pago os seus dois amigos.

Wickerê amava Rokburatra como se fosse uma mulher. Nos seus devaneios, imaginava que um dia o gigante moraria com ele, possibilitando que ele fizesse às vezes de esposa. Wickerê, em sua mente, achava-se uma mulher que havia sido aprisionada num corpo de um homem. Ele sabia das atividades assassinas de Rokburatra, mas pouco se importava. A morte de Moyadek o assustou um pouco. "Será que Rokburatra não tivera um pouco de gentileza com ela? Será que ele era um homicida sem sentimentos?" Isso abalou a confiança de Wickerê em Rokburatra. Se ele era capaz de matar sua amante sem remorso e sem piedade, então ele também poderia matá-lo do mesmo modo.

Rokburatra adorava o ato de matar. Dava preferência a assassinato em que pudesse esganar sua vítima. Nem sempre era possível, mas, se dependesse de sua exclusiva vontade, mataria as pessoas com suas mãos nuas. Ele sentia um prazer enorme; naquele instante em que estava matando alguém, seu imenso ódio se canalizava contra sua vítima.

Rokburatra começou a nutrir esse tipo de sentimento a partir da guerra. Devia estar latente em sua mente quando o clamor das batalhas despertou nele esse sentimento irracional. Ele sentia ódio indiscriminadamente por tudo e todos. Bastava ser contrariado ou que algo não saísse em conformidade com seus planos e lá estava aquele sentimento avassalador que o queimava como uma brasa viva. Naturalmente, Rokburatra sabia disfarçar esse ódio sob a capa de um sorriso deslumbrante. Porém, no seu interior, os piores pensamentos passavam por sua mente. Ele imaginava o seu desafeto nas condições mais tenebrosas. Uma hora a pessoa seria trucidada a golpes de marreta, na outra seria a machadada e assim por diante, com requintes de ferocidade e imaginação.

O novo primeiro-cônsul chamava-se Trafgaman, um homem de espírito caliginoso, corrupto e ganancioso. Tinha os negócios mais escusos possíveis, mas não gostava do tráfico. Achava que a droga era prejudicial, especialmente aos seus negócios. Não queria mancomunar-se com as drogas, mas também não queria combatê-las. Preferia ficar neutro.

Com o decorrer dos anos, o homicida tornou-se cada vez mais poderoso, conhecendo toda a intrincada rede de tráfico e suas ligações com banqueiros, financistas e políticos. Com a morte de Nirdav, ele matou o segundo em comando e assumiu o cartel. Em pouco tempo, eliminou os rivais em assassinatos bem-planejados e tornou-se o indisputado chefe da droga em quase todo o planeta.

Um dia, numa festa, ele vislumbrou a radiantemente bela Mirtjaerin, a filha mais nova de um senador. Nesse instante, sua vida tomou um rumo imprevisível.

Mirtjaerin era a terceira filha do senador Magsok Ibsolem, um homem de riqueza inimaginável e de poder assustador. O senador tinha quatro filhos varões e três filhas, sendo a mais nova Mirtjaerin. Essa moça de olhar doce, de maneiras fidalgais e de voz maviosa era, na realidade, um ser de uma mesquinhez infinita, um egoísmo feroz e uma vontade de aço. Em sua casa, poucos lhe resistiam quando resolvia algo. Sua mãe a evitava a todo custo, preferindo jogá-la nos braços de uma infeliz ama-seca que, apaixonadamente, fazia-lhe todas as vontades.

Rokburatra sentiu-se atraído fisicamente pela jovem e escutou sua conversa insossa sobre moda, grupos de música popular e pessoas famosas. Em sua opinião, a moça era viva, ardente no expressar e de um corpo escultural. Rokburatra amava as mulheres pelo seu corpo, mas as achava vaniloquentes. Aturava-as por falta de opção. No final da festa, tendo ficado quase todo o tempo com Mirtjaerin, ele a convidou para sair num outro dia, tendo recebido uma afirmativa como resposta. Teve, no entanto, o cuidado de conversar com Magsok Ibsolem para ter a aquiescência paterna, evitando assim maiores problemas futuros.

Durante os meses que se seguiram, Rokburatra frequentou, com a bela Mirtjaerin, todos os lugares que estavam em voga. Muitos jovens o conheciam e o admiravam como herói de guerra, aceitando-o muito bem, esquecendo que era um contumaz assassino. Muitos nem acreditavam nas histórias escabrosas que contavam dele, algumas tão exageradas, que corroboravam ainda mais para o descrédito dos boatos de que Rokburatra era um perigoso psicopata. Ele parecia tão natural, simpático e simples, que cativava as pessoas com rara facilidade.

O casamento com Mirtjaerin aconteceu um ano depois que começaram a sair juntos. Foi um daqueles acontecimentos festivos noticiados por toda a imprensa em todo o mundo. A quantidade de convidados de toda Ahtilantê foi enorme; os gastos, astronômicos; e o serviço, impecável. A moça quis casar no Zig-Ghurar-Teh de Tchepuat, no último andar, onde só eram realizadas cerimônias oficiais e majestosas. Rokburatra não teve dificuldades em vencer a resistência inicial do arqui-hierofante que acabou, pessoalmente, oficiando o casamento.

A viagem de núpcias foi também motivo de alarde e comentários. Foi necessário fretar um vimana exclusivamente para a comitiva dos noivos, cozinheiros especiais – Rokburatra não comia nada que não fosse experimentado por um provador oficial – e um séquito de guardas, amigos e associados. Foi uma viagem de seis meses, durante a qual Rokburatra acompanhava seus negócios pelos videofones. A noiva divertiu-se a valer, tendo levado suas principais amigas com ela.

Sexualmente os dois se davam às mil maravilhas, passando agradáveis momentos em companhia íntima um do outro. No entanto, à medida que o tempo passava, não havia nenhum tipo de conversação que ambos pudessem manter por mais de cinco minutos. Mirtjaerin matraqueava sobre seus assuntos de maior interesse, que eram, na opinião de Rokburatra, de uma futilidade irritante. Por seu lado, Rokburatra não falava de seus negócios com a mulher nem com qualquer outra pessoa. Ele os havia dividido tão bem, que ninguém conhecia toda a extensão de seu império.

Mirtjaerin começou a se enfadar do seu marido, e ele dela, devido a sua vaniloquência. Rokburatra era um homem do mundo; gostava de festas, de grandes pompas e, principalmente, de reconhecimento social. Queria que as pessoas o olhassem com intensa admiração e que o bajulassem.

Houve uma festa no grande palácio do falecido imperador e, pela primeira vez, Rokburatra fora convidado pelo famoso Trafgaman, o azul que derrubara e matara o poderoso Klandir Mandrekhan, pai de Varuna, o futuro coordenador do expurgo de Capela.

Tey-Nuah era a mais bela das mulheres presentes. Se Mirtjaerin tinha uma beleza juvenil, Tey-Nuah tinha a beleza das mulheres plenas. Ela era casada com um senador bem mais velho do que ela, por um daqueles arranjos entre famílias ricas que unem as pessoas com o intuito de juntarem poder.

Tey-Nuah morria de tédio com seu marido, mas já lhe dera dois filhos que eram a luz dos seus olhos. No entanto, naquela festa, Tey-Nuah conheceu Rokburatra e seu coração disparou de emoção. Ela se sentiu atraída fisicamente, mas também pela sua fama de bandido. Tey-Nuah era daquelas damas da sociedade que sentem atração sexual por homens violentos, bandidos e sanguinários.

Rokburatra soube, na mesma hora, que teria Tey-Nuah, mas o que não podia imaginar era a paixão avassaladora da qual seria possuído. Nos dias que se seguiram à festa onde foram apresentados por amigos comuns, eles passaram a se encontrar às escondidas e a gozar de inigualável intimidade.

Rokburatra era um ser carente de amor e Tey-Nuah lhe dava isso e muito mais. Durante meses, ele foi se tornando fechado com Mirtjaerin, só tendo olhos para a bela Tey-Nuah.

O tempo passou e Tey-Nuah abandonou o marido e os filhos para morar com o belo Rokburatra, que também largou mulher e um filho recém-nascido. Foi um escândalo de proporções deliciosas, que toda a sociedade comentou por meses.

Alguns anos depois, Rokburatra viria a se indispor seriamente com o pai de Mirtjaerin, já que continuavam sócios. Decidira que eliminaria todos. Magsok Ibsolem, que conhecia o ex-genro, ficou apavorado, pois ele sabia que o psicopata tinha a tendência de matar todos de uma mesma família, para nunca correr o perigo de uma vingança da parte de algum parente distante e ignoto. Realmente, o homicida já tinha se decidido a executar todos.

Mirtjaerim, a mando do pai, foi procurar Rokburatra altas horas da noite, tendo sido recebida pelo homenzarrão completamente drogado.

– Vim conversar com você sobre a vida de minha família.

Sua voz estava levemente enrolada. Rokburatra dispensou a serviçal. Levantou-se da cama e lhe perguntou:

– Está bêbada?

— Estou, e daí? Tive que beber este maravilhoso vinho para tomar coragem para falar com você.

— Ah, é? E como pretende me convencer de não mandar matar todos?

Rokburatra sentiu o cheiro do vinho doce e lhe perguntou:

— Só você bebe! Trouxe a bebida e não me oferece?

— Mas é claro. Trouxe exatamente para lhe oferecer e, quem sabe, conseguir mudar seu estado de espírito.

Rokburatra riu. Tomando a ânfora que estava sobre a mesa, encheu outro copázio que estava vazio e levou-o aos lábios. Mirtjaerin não o impediu de se servir fartamente. Suas narinas captaram um estranho odor — "De onde será que me lembro desta fragrância?" O vinho era doce e Rokburatra bebeu todo o líquido e, em tom de brincadeira, disse:

— Não há nada que você me diga que me faça mudar de ideia. Já pensei muito sobre o assunto. Matarei todos os seus familiares.

Rokburatra, ao dizer isso, caiu na mais estrepitosa gargalhada. Havia algo de macabro em seu riso. Ele pensava em matar Mirtjaerin que, séria e taciturna, disse-lhe:

— Que assim seja. Você mereceu seu destino. Adeus, Rokburatra. Que os deuses sejam condescendentes com você.

Rokburatra deu uma estrepitosa gargalhada enquanto via a ex-mulher saindo pela porta afora.

Quando Mirtjaerin chegou ao corredor, tirou rapidamente uma pequena garrafa escondida na roupa e, sôfrega, bebeu todo o conteúdo. Suas mãos tremiam e suas pernas não lhe obedeciam. Estava apavorada. Tentou apressar o passo. Estava cambaleante. "Será que era efeito do veneno?" — pensou apavorada, pois ela também bebera para não levantar suspeitas no ex-marido. Precisava sair da casa e esconder-se. Se Rokburatra desconfiasse, mandaria matá-la. Suas pernas se endireitaram. Era apenas efeito do estresse. Sentiu-se mais forte e acelerou o passo. Saiu pelo portão, sendo cumprimentada pelo sonolento guarda, e desapareceu na noite.

Rokburatra ria. "Essa mulher é uma cretina. Ela achou que iria me embriagar com este delicioso vinho e que eu voltaria atrás" – pensou o psicopata.

A cabeça rodou um pouco. "Estou bebendo demais" – pensou.

Uma fisgada leve no estômago. "Preciso parar de comer essas comidas condimentadas."

Uma náusea súbita. "O que será que está acontecendo comigo?"

Uma taquicardia seguida de uma dor crescente no estômago. Falta de ar, os olhos lacrimejam, um bolo duro no ventre, um vômito que lhe escapa pela boca, mais falta de ar. "O que será este mal súbito?"

"Aquele cheiro na bebida, de onde me lembro daquele odor?" Rokburatra estende a mão e pega a ânfora, traz até suas narinas e cheira novamente. Um turbilhão sobe à cabeça e, horrorizado, larga a garrafa, que se espatifa no chão. Neste momento, ele reconhece o cheiro de um poderoso veneno que ele mesmo já usara num dos seus muitos assassinatos.

"Patife! Mirtjaerin, você é a mais velhaca de todos as mulheres. A filha de uma cadela me envenenou!"

Suas mãos tremem, e não consegue ver nada direito. Está ficando cego. Seu pulmão tem dificuldade de puxar o ar. Está sufocado. Tenta gritar e de sua boca apenas sai um guincho ridículo. Rola da cadeira com dores no ventre. Guincha novamente, agora procurando ar e querendo gritar por socorro.

"Mirtjaerin, filha de uma cadela, mil vezes filha de uma cadela, como pôde fazer isso comigo, seu próprio marido?"

Rokburatra estrebucha no chão. Está só. Tey-Nuah dorme a sono solto no seu quarto. Os guardas não podem incomodá-lo. Está quase à morte e, através de seus olhos espirituais, consegue ver vultos que se riem dele, urrando:

– Agora é a hora de você começar a sofrer. Prepare-se, pois o fará por centenas de anos.

Sem entender o que falavam, Rokburatra, totalmente tomado pelo veneno dado por Mirtjaerin, estertora, sufocando, tendo seus músculos peitorais presos pela ação do veneno, impedindo-o de fazer o fole respiratório.

Rokburatra morre da forma hedionda como vivera. Agora começava a sua longa existência como alambaque. Inicialmente, ele passou algumas dezenas de anos em total alheamento, prisioneiro de poderosos alambaques, sendo usado como obsessor. Sua fisionomia fora transmudada, num processo de licantropia espiritual, e ele nada se parecia com o belo homem que fora. Tornara-se uma besta-fera.

Os alambaques, sentindo sua imensa necessidade de droga, pois fora um drogado em grau máximo, o levaram a se viciar em fluidos animais e humanos, que lhe davam uma sensação muito parecida com a da miridina. Rokburatra foi batizado pelo alambaque que o dirigia de Garusthê-Etak.

Durante anos, Garusthê-Etak tornou-se um obsessor perigoso, um viciado em fluidos astrais que ele extraía de grandes animais mortos em abatedouros, de homens feridos em desastres, muitas vezes provocados por ele, e em ambientes deletérios, tais como bordéis e casas onde se traficava miridina.

Quando veio o grande degredo, ele fora um dos alambaques recalcitrantes, tendo sido capturado pelas equipes de guardiões de Vartraghan, que viria a ser rebatizado de Kabryel, sendo também conhecido como o deus Indra, entre os arianos e os indianos.

Acabou sendo levado para a Terra, onde teve influência decisiva na morte de Osíris e foi um dos responsáveis pela guerra que separou o Norte do Sul do Kemet, tornando-se as Duas Terras.

Kabryel foi apagando o aparelho e os presentes voltaram à realidade presente, pois este tipo de projeção fazia com que cada um se sentisse participante da história, percebendo os sentimentos de cada personagem, descendo a níveis de detalhes impressionantes.

– Como vocês puderam constatar, Garusthê-Etak foi um ser que chafurdou na mais profunda demência e ainda luta para sair dela.

Osíris, com os olhos rasos d'água, falou:

– É verdade. No entanto, diz a Lei que aquilo que nós destruímos temos que reconstruir. Se ele agiu para destruir a obra do Kemet unido, ele deve agora se tornar um artífice da reunificação.

– Sim, é neste ponto que reside sua obra: juntar todos os personagens e levá-los ao grande final, à união do Kemet.

Ísis, que estivera quieta até então, pronunciou-se:

– Sim, é verdade, mas existe um personagem de fundamental importância que até agora não foi mencionado.

Os presentes se voltaram para ela, que, bela e radiante, sorria enigmaticamente para eles. O único que parecia saber do que se tratava, e até a incentivava a falar, era Kabryel, como só haveria de ser. E ela, com um ar triunfante, respondeu à indagação mental de todos.

– Trata-se de Hórus.

A assistência, composta de espíritos evoluídos que conheciam a história, responderam com uma aquiescência uníssona.

– Sim, é verdade, falta Hórus.

A voz majestosa de Kabryel ecoou na assembleia:

– Não, não falta, pois Hórus já renasceu várias vezes e libertou-se completamente de seu complexo de culpa pelo suicídio que cometera em Ahtilantê. Trata-se agora de um ser forte, de caráter impoluto, que também deseja prosseguir na Terra, retomando a obra de unificação iniciada por Tajupartak.

Osíris, então, falou:

– Temos todos os personagens do primeiro ato colocados em posição. Cabe a nós, portanto, articular as medidas e planejarmos com esmero para que o segundo ato desta peça da vida saia a contento.

Kabryel falou:

– Realmente, planejem algo e submetam seus planos aos Maiores da Terra para receberem a aprovação e, depois de tal, iniciarem a longa e trabalhosa reunificação do Kemet.

Capítulo 1
Kemet (Egito) – 3.100 a.C.

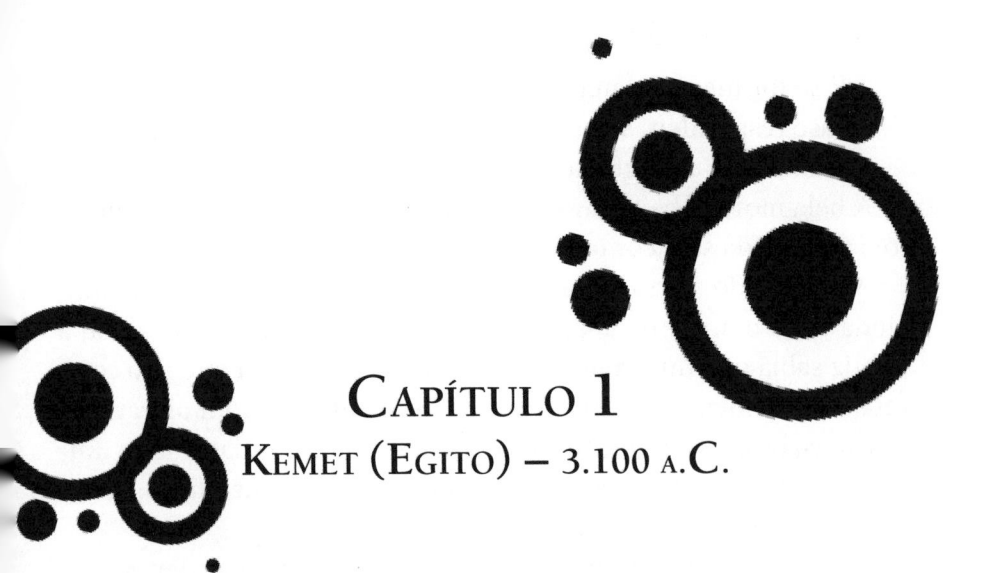

Perto do ano três mil e cem antes do nascimento de Yeshua Ben Yozheph, em Beit Lechem, nesse período conturbado da história humana, Zékhen, filho do rei de Téni, rei do Alto Kemet, senhor do Sul, veio ao mundo.

Teye, a mãe de Zékhen, era uma daquelas mulheres que os reis ganhavam de aliados e tornavam-se concubinas num vasto harém. Era muito bonita, de pele bem morena, olhos negros imensos e uma tez perfeita para uma mocinha de quinze anos. Fora entregue ao rei para seu divertimento e, durante algumas noites, Khase a conheceu intimamente. Depois desse curto período, voltou para sua preferida, uma belíssima negra núbia que nunca lhe dera filhos, mas que, em termos de prazer, superava as demais. Teye engravidara do rei e ele nem sequer soube.

Um dia, pouco antes de Zékhen nascer, Khase a viu num dos corredores de sua vasta casa, enorme, arrastando um barrigão, e perguntou-lhe quando seria o parto. Teye respondeu-lhe, meigamente, que seria para qualquer momento. O rei ordenou-lhe:

– Caso seja um menino, mande informar-me imediatamente.

A ingênua mocinha perguntou:

— E se for menina, meu rei?

Khase respondeu, seco e grosseiro:

— Guarde-a ou afogue-a, tanto faz para mim!

A bela morena baixou a cabeça, magoada e humilhada, enquanto o rei saía da sala com seu passo forte e sua enorme empáfia.

As dores do parto quase mataram a jovem, o que aumentou ainda mais o amor de Teye por Zékhen. No fundo de sua alma, a infeliz sabia que nunca mais o rei viria procurá-la, já que não caíra totalmente no agrado dele. Teria que se contentar com as carícias sensuais, os beijos voluptuosos e os dedos lúbricos das outras mulheres do harém. Afora isso, teria o prazer de amar seu filho, como parte de si própria, de suas dores e esperanças.

A criança nasceu ao meio-dia e, naquele momento, deu-se um eclipse total do sol. Teye não se deu conta, pois as dores a faziam concentrar-se na délivrance. Quanto às outras duas mulheres que a ajudavam, uma percebeu o fenômeno natural, e a outra, quase mergulhada entre as pernas da parturiente, nada viu a não ser o momento em que a cabeça despontou e a aparou gentilmente.

— Não corte o cordão — e, olhando para ver o sexo da criança, completou: — Dê o menino para mim.

A outra mulher abaixou a faca com que pretendia cortar, ato-contínuo, o cordão umbilical do recém-nascido. Entregou a criança e afastou-se, pois naquele momento tomara consciência da penumbra, indo até a janela para ver o que se passava.

As duas mulheres estavam à janela, olhando o sol começar a sair por trás da lua. Enquanto isso, Teye colocava a criança no seio, observando-a sugar avidamente os intumescidos mamilos. O cordão ainda estava preso, a criança ainda não chorara, mas já respirava bem. Naquele momento, poucos minutos após o nascimento, a mãe pegou uma faca e pediu que a passasse lentamente no fogo de uma candeia que ardia num dos cantos, lamparina essa que Teye fizera questão de trazer seguindo o rito de sua tribo de que o espírito da criança precisa de luz suave para nascer e de que somente a faca quente, quase rubra, deveria cortar o cordão. Esse procedimento, sempre que bem-feito, evitava a febre puerperal que dizimara mães e crianças durante milênios.

As duas mulheres estranharam o procedimento, assentiram, comentando que aquelas tribos do Sul, perto de Sounou, sempre foram diferentes e estranhas.

Teye ouviu as predições sobre o eclipse solar que corriam de boca em boca; quase todas trágicas e nefastas. Preferiu esperar um momento mais azado para anunciar o nascimento ao rei. Ela não seria louca de informar ao rei que um varão havia nascido durante um eclipse solar, correndo o risco de ver o monarca mandar matar o infante, já que os profetas haviam vaticinado previsões tenebrosas. Envolvido em trapos, ninguém saberia que aquele recém-nascido era o menino. Contudo, quem daria importância ao filho de uma concubina de segunda posição?

Quatro anos se passaram, e o filho do rei e de sua primeira esposa, o herdeiro, acidentou-se mortalmente numa brincadeira infantil. O príncipe tinha oito anos. Os meninos brincavam perto do rio, numa ribanceira que cedeu subitamente. O herdeiro caiu, sendo puxado pela correnteza do Iterou. Seu corpinho não fora encontrado e a dor dos pais era imensa.

Khase estava inconsolável. Seu único filho morrera. Tinha oito filhas e nenhuma poderia subir ao trono. Sua primeira mulher já lhe dera três meninos, mas somente um vingara, e os demais morreram ainda pequeninos. O tati alertou-o para os problemas sucessórios, que precisavam ser resolvidos o mais breve possível.

– Conheço todos os problemas que podem advir com a morte do herdeiro. Sei que a família de Uenis reclama o trono há muito tempo e, se eu não produzir um herdeiro, eles estarão esperando minha morte para assumi-lo. O pior é que poderão matar-me e assumir o reinado antes mesmo que tenha um filho.

O tati tinha uma esposa que frequentava o harém do rei que sabia da existência de um belo menino de quatro anos, filho de uma das concubinas. Comentara com o marido, que lhe dissera que, provavelmente, estava errada, não sendo um menino, e sim uma menina. A mulher até gracejara com o marido, perguntando-lhe se ela não sabia reconhecer um menino pelos penduricalhos que trazia, já que era normal as crianças, até mesmo filhas dos reis, andarem nus, devido à forte canícula. Desse modo, o tati perguntou ao rei:

— Majestade, será que o senhor não tem um filho no seu harém?

— Só tenho filhas.

O ministro coçou o queixo e disse, cuidadosamente:

— Interessante! Minha mulher comentou comigo que viu um belo menino de quatro ou cinco anos, correndo e brincando com suas filhas. Sabe quem pode ser?

O rei olhou-o surpreso, pois quase nunca entrava na ala das mulheres. Sabia de quase tudo o que acontecia lá, especialmente o safismo, o qual tolerava e para o qual fazia vista grossa. Mas um menino? Disso não sabia!

Virou-se para um dos guardas que estava distante e gritou:

— Guarda, traga-me Nebkau.

O homem sumiu atrás de uma cortina e voltou alguns minutos depois com uma velha que cuidava da ala das mulheres. A pobre anciã já veio curvada, estampando um terror nos olhos, pois nunca tinha sido chamada e, se estava sendo, era porque algo de muito grave podia acontecer.

— Nebkau, responda-me sem rodeios. Quem é aquele menino que está na ala das mulheres?

A velha abriu uma boca que mostrava que já não tinha mais um dente sequer e disse com voz trêmula, sumida, cheia de espanto e temor.

— É seu filho, meu senhor.

O rei não ouviu direito e gritou:

— Como? Fale mais alto, sua estúpida.

Nesse momento, com o rei gritando, a velha caiu de joelhos e começou a balbuciar:

— Seu filho. É seu filho Zékhen. É Zékhen, meu rei.

O rei continuava não ouvindo e, para alívio da infeliz velha, o tati, que estava mais próximo, interveio:

— A mulher disse-me que se trata de seu filho Zékhen.

O rei estava boquiaberto e, ao mesmo tempo, furioso. Como alguém escondia um fato assim tão importante dele?

Nada mais normal numa casa enorme, com mais de trinta mulheres e concubinas, cheias de crianças dele e dos seus ministros que brincavam juntas, cada uma cuidando de seus interesses, com medo de pisar nos pés do rei que tinha fama de irascível.

— Tragam-me esse menino.

Lembrando-se de que uma criança tem que ter uma mãe, complementou.

— E tragam-me a mãe da criança.

O guarda e a anciã saíram às pressas para a ala das mulheres. O rosto congestionado do rei mostrava que estava à beira de um ataque de nervos, podendo soltar sua ira sobre todos os presentes.

Menos de dois minutos se passaram e entrou no pátio, onde estavam o rei e o tati, um belo menino, vestido com uma tanga de linho branco, acompanhado de Teye e a velha.

O rei olhou atentamente para o menino, que vinha pela mão da velha. Era alto para quatro anos, tinha os ombros largos, a musculatura toda definida, que mostrava as dobras de um pequeno homem. O rosto era vivo e seus olhos, grandes e pretos com cílios enormes, faziam da criança um pequeno deus. Sua pele era marrom clara e seus cabelos eram pretos, encaracolados e não muito sedosos, mostrando uma certa revolução de fios, uma desobediência capilar.

O rei olhou-o e notou que o menino tinha um sorriso encantador. Não parecia ter medo do rei. Todos tinham temor dele, até mesmo o seu falecido filho. O tati tinha medo de sua ira, de seus repentes e de seu humor cambiante. Todavia, aquela criança de expressão risonha e forte não tinha pavor dele. O rei estendeu a mão para o menino que, libertando-se da empunhadura da velha, aproximou-se dele com passo forte.

— Como é seu nome, menino?

— Meu nome é Zékhen, meu senhor.

O rei olhou para o tati como a procurar aquiescência e viu que o ministro aprovava o belo menino.

— Quem é sua mãe?

— É a princesa Teye.

Quem era essa mulher de seu harém que se intitulava princesa? Teye, que estava a certa distância, disse:

— Zékhen, meu filho, ajoelhe-se para seu pai, pois é ele seu rei e senhor.

O menino já ouvira histórias sobre o pai, o rei, e como era destemperado e poderoso, mas não o receava. Olhou inquisitivamente para o pai, como se fosse um adulto, um igual, e disse-lhe, num tom singelo:

— O senhor é meu pai? O senhor é o rei?

O que era o rei para uma criança de quatro anos? Um homem que mandava em tudo e a quem todos obedeciam. Qual era a diferença entre esse homem, que se dizia rei, e ele, a quem todos, por simpatia e amor, obedeciam, fazendo-lhe todos os caprichos? Zékhen era o adorado do harém, pois era um raio de luz entre todos.

O rei não pôde deixar de sorrir. Lembrando-se de que fora o último a saber, olhou para Teye e perguntou-lhe duramente:

— Por que não me contou que eu tinha um filho?

Teye baixou a cabeça em submissão, adiantou-se um pouco e caiu de joelhos:

— Majestade, fiquei com medo de que mandasse matar meu filho.

O rei, muito espantado, perguntou pasmado:

— Por que haveria de matar meu próprio filho?

— Por causa dos maus presságios.

O rei começava a perder a paciência:

— Que maus presságios? Fale, mulher!

Teye falara demais e agora não podia recuar. Desse modo, falou pausadamente, com o coração opresso:

— Ele nasceu no instante em que o sol foi comido pela lua.

Os kemetenses explicavam o eclipse como a lua comendo o sol e, depois, com preces e rogos, o satélite natural da Terra devolvia o astro ao firmamento.

O rei lembrou-se das inúmeras versões que lhe tinham sido dadas para o fenômeno e uma delas pareceu casar bem com a atual situação. Sua memória o levou para aquele dia e uma das profecias que mais calaram fundo em sua alma foi a de uma jovem, parecendo possessa por um poderoso espírito, que vaticinou coisas terríveis e simultaneamente boas.

— Um homem, filho da deusa Hathor (cujo símbolo é a lua) haverá de esconder o grande Rá (o sol, ou seja, o próprio rei), tornando-se o grande flagelo da Ta-Meri (terra amada, outro nome para Egito), e, a partir dele, Hórus, o filho do rei, brilhará com mais intensidade nas Duas Terras.

Na época, o rei não entendera o que a jovem do Hetbenben revelava em transe, e agora começava a vislumbrar o que aquela profecia poderia significar. Lembrou-se de que Teye era de Sounou, sendo uma adoradora de Hathor. Será Zékhen filho da deusa Hathor? Será que aquele menino seria predestinado a grandes coisas? Seria maior do que ele? Sentiu uma pontada de ciúme. Depois recompôs-se e chamou o menino para perto dele.

O menino aproximou-se e o rei o abraçou, sentindo sua carne infantil firme, macia e cheirosa, mas rija como a de um guerreiro. O menino levantou o rosto e beijou ternamente o pai. O homem, que tinha perdido recentemente seu filho e herdeiro, subitamente, recuperava a esperança de continuação de sua estirpe, sucumbiu aos encantos daquele menino tão singelo e, ao mesmo tempo, tão destemido e altivo.

A educação formal de um príncipe kemetense é algo complexo. O futuro rei deveria conhecer a administração pública, a escrita complicada que o deus Djhowtey deixara para os homens, a história de seu povo e, mais do que tudo, dos deuses, pois foram eles que criaram as coisas e deram ao Kemet – as Terras Negras – tudo de bom que lá existia.

O templo Hetbenben era o local adequado para que Zékhen pudesse aprender tudo, mas ele era pequeno demais para ser apartado da mãe e, por isso, ambos foram enviados para On. Foi-lhe destinado um sacerdote, Haishtef, cuja cabeça totalmente raspada espantou-o, para que fosse introduzido nos mistérios do universo. O religioso tinha uma ajudante chamada Nofret, moça de doze anos, morena jambo, bela como o raiar do dia, que fora destinada ao templo para servir como pitonisa.

Os dias eram enfadonhos para o pequeno Zékhen. Tinha que aprender a ler e escrever, assim como também a contar e a contabilizar. Aos nove anos, quando trocou os dentes, aprendeu a lidar com coisas de homens, como lutas corporais, técnicas agrícolas, divisões em heseps, as diversas classes sociais, além de etiqueta e aquilo em que mais demonstrou interesse, combates e exércitos.

O pai era visto por Zékhen nas cerimônias, em On, quando o rei personificava-se de Rá e, no seu garboso uniforme cerimonial, desfilava para os habitantes de Téni, Ouaset, Nubt, Sounou, Abdu e todos os vinte e dois heseps do Alto Kemet. Fora esses eventos anuais, não havia contato entre pai e filho.

Quando Zékhen atingiu os doze anos, ele foi apartado de sua mãe, que voltou para o harém de Khase. Ele passou parte de sua adolescência com o sacerdote Haishtef e a sacerdotisa Nofret. O menino ficara dos quatro aos quatorze anos no templo, estudando tudo o que precisava aprender. Quando completara a idade limite, tornando-se homem, o pai chamou-o de volta para viver no palácio e conhecer um pouco da vida política do Alto Kemet. Durante os dez anos que vivera com Haishtef e Nofret, aprendera toda a ciência oculta aos olhos plebeus.

Sua personalidade era instigante. O príncipe herdeiro era muito organizado. Todas as suas coisas estavam sempre arrumadas. Era esforçado e diligente, procurando fazer seu trabalho sem nenhum reproche dos seus professores. Era capaz de ficar fazendo trabalhos físicos por longas horas, sem apresentar sinais de fadiga e, ao andar, seu passo era mais rápido e mais seguro do que o da maioria. Fisicamente era longilíneo, perto de um metro e oitenta e cinco, ao final do seu crescimento, de pele bem morena, marrom-escuro, luzidio e imberbe. Seu cabelo, quase sempre longo, ondulado, à força de ser escovado sempre numa mesma direção, formava uma espécie de capacete.

Era de escutar mais do que falar. Podia ficar horas escutando relatos desinteressantes sem perder a concentração. Articulava bem as palavras; era circunspecto, preferindo observar atentamente os demais. Quando contrariado, seu rosto crispava-se num esforço para controlar-se, mantendo-se impassível, a não ser por um leve tique no olho, que aparentemente vibrava sob o efeito da tensão. Tinha um gênio terrível, mas aprendera a dissimulá-lo e controlá-lo.

O palácio de Khase demonstrou ser muito mais interessante do que o templo de Hetbenben; e o pai, muito mais cheio de vida do que o amorfo Haishtef. As mulheres seminuas do palácio eram bem mais vistosas e desejáveis do que a bela, porém insossa, Nofret, a sempre virgem, que vivia totalmente coberta, mesmo na mais intensa canícula.

— Então, completou a sua educação no templo? — perguntou-lhe o pai, em cerimônia particular, tentando puxar conversa com o arredio filho.

Zékhen assentiu.

— Muito bem. Sabe por que desejei que fosse educado no templo Hetbenben e não aqui?

Zékhen não tinha pensado muito nisso. Pensava que fosse normal. Fez um sinal com os ombros como quem desconhece a resposta.

— No templo, você foi protegido das perniciosas influências do poder. Aqui verá como as pessoas tentam ludibriar-me, adular-me e engrandecer-me com palavras, gestos e objetos de grande valia. Tudo isso não passa de corrupção do poder.

Zékhen já tinha ouvido falar desse assunto por Haishtef, que lhe dissera que a corrupção e o poder sempre andam juntos.

– Agora tem idade para entender e veremos se é capaz de resistir ao jogo do poder. Sabe qual é o jogo?

O rapaz de quatorze anos ainda era muito verde para entender as intrincadas razões humanas. Meneou negativamente a cabeça.

– O jogo é muito simples. O objetivo do jogo é dominar. A dominação é uma coisa muito ampla, meu filho. Não é só dominar uma terra, uma pessoa; é, muitas vezes, dominar as circunstâncias. As pessoas desejam dominar tudo o que possam para que se sintam seguras e felizes.

O rapaz entendia esse fato. Fora dominado a maioria de sua vida e não gostava da sensação de ser um joguete na mão dos outros.

– É um jogo em que todos perdem, mesmo quando acham que ganham.

Zékhen estava surpreso. Era uma conversa estranha para a sua recepção em casa, depois de dez anos de vida monástica.

Zékhen abriu os olhos e assentiu. "Dominar é fundamental. Quem não domina não é nada, absolutamente nada."

Durante alguns minutos, o pai explicou ao filho adolescente como os nobres dos heseps eram bastante independentes e como se subordinavam, apenas aparentemente, ao rei. O monarca era mais uma figura de proeminência na nobreza, mas não detinha o controle de tudo. Zékhen escutou com atenção e perguntou ao pai aquilo com que vinha sonhando desde pequeno.

– Por que o senhor não reúne um exército e, depois, funde novamente o Kemet num único país?

O rei olhou para o garoto de quatorze anos. "Nem homem, nem criança", pensou o rei, "tendo tanto para aprender." O monarca respondeu lentamente.

– Exércitos custam dinheiro e não desejo dominar o Norte. Prefiro ficar onde estou, em segurança, pois lá eles vivem em permanente guerra. Aqui, eles não ousam me atacar.

Em parte era verdade, mas a verdadeira razão de o Norte não atacar o Sul era que esta era apenas uma pequena faixa de terra e a verdadeira riqueza estava no Norte, no delta do Iterou.

Zékhen olhou tristemente para o pai. Podia ver atrás da expressão cansada do rei que ele não era um conquistador, apenas um homem banal, que se tornara monarca por força das circunstâncias de um nascimento.

O rei não poderia prescindir do apoio dos religiosos, já que era por meio deles que se mantinha como divino e intocável. Se os sacerdotes fossem contra o rei – fato que nunca havia acontecido até então –, ele não duraria muito, pois não conseguiria conter a revolta do povo miserável. Havia, portanto, um equilíbrio de forças entre o rei e a religião, que fazia do monarca um refém dos poderes constituídos: os sacerdotes, os escribas e os nobres hesepianos.

Zékhen sabia, intuitivamente, que não era hora de insistir. Antes de mais nada, queria conhecer o seu país. Passara tempo demais em On, enclausurado no templo. Precisava visitar todo o Kemet, inclusive o Norte.

– Meu pai, pensei muito durante o tempo em que fiquei no Hetbenben e achei que deveria conhecer minha terra e visitar todos os heseps, conhecer os senhores feudais e, quem sabe, até fazer uma visita ao Norte!

– Ao Norte? É muito perigoso. Desde a morte de Hórus, o supliciado, nenhum rei de Téni vai até lá.

– Não preciso visitar oficialmente. Posso ir disfarçado de mendigo ou como peregrino aos diversos santuários. Conheço tanto sobre os deuses, que poderia facilmente passar por um sacerdote.

– É uma boa solução. Todavia, meu filho, tem que ter muito cuidado. Se descobrirem quem é, será morto incontinenti.

– Claro. Se o senhor me permitir, gostaria de visitar primeiro os heseps do Sul e privar da intimidade dos chefes feudais, descobrindo quem é quem e o que valem, para depois visitar o Norte.

O pai consentiu e Zékhen foi levado a aposentos distantes da ala das mulheres, do lado oposto à ala do rei. Eram aposentos amplos, simples, com uma cama, uma mesa, quatro cadeiras, que dava para um pequeno pátio interno, onde existia uma pequena piscina, suficientemente ampla para que ele pudesse molhar o corpo e dar algumas braçadas. Era um exímio nadador – o pai não desejava perder outro filho para o Iterou, tendo dado ordens para que esmerassem na educação física do príncipe.

No final da tarde, entrou no quarto uma serva núbia, alta e negra como um tição, trazendo uma bandeja com uma jarra de leite, figos frescos e outras iguarias. Tinha uma tanga minúscula, suficiente apenas para cobrir as partes pudentes do baixo ventre. Serviu o jovem e disse-lhe:

– Sou Nebamum. Fui mandada pela governanta de seu pai para servi-lo. Estou apta para fazer tudo o que desejar.

Disse a última frase com um sorriso maroto nos lábios e um jeito sensual. Zékhen, que era virgem, ficou sem jeito, preferindo beber o leite e ir até a piscina. A bela negra o seguiu até o local e observou quando entrou n'água, tendo antes retirado o saiote que o cobria. Ela não precisou de convite, retirou a sua minúscula tanga e entrou na água. Aproximou-se dele, que estava estático e assustado, abraçou-o carinhosamente, beijando-o ternamente na boca. "É um belo homem", pensou. Aquela era uma missão bem mais convidativa do que agradar velhos senhores feudais que vinham conversar com o rei. Naquele dia, Zékhen conheceu o amor físico nos braços da escrava núbia, que lhe ensinou alguns dos segredos da milenar arte.

O pai lhe arranjou um casamento de conveniência com uma bela hamita, chamada Intaref, que lhe deu, alguns meses depois, um primogênito que ele chamou de Nârmer. Naquele tempo, ele tinha quatorze anos e sua esposa, a mesma idade. Quando Nârmer nasceu, ele tinha quinze anos.

Zékhen passou os anos seguintes no palácio do pai, aprendendo e conhecendo todos os detalhes do poder. Foi apresentado aos senhores feudais, privando de sua convivência, descobrindo os seus vícios e fraquezas. Aos poucos, ele foi conhecendo os pontos fracos e fortes de todos os heseps e, a partir dos dezesseis anos, o pai permitiu que ele fizesse viagens curtas ao Sul, para conhecer as localidades, desde que fosse com pequenas escoltas de soldados, suficientes para protegê-lo de bandidos e salteadores.

Durante três anos e meio, até completar vinte anos de idade, Zékhen conheceu os vinte e dois heseps do Sul. Ficava algum tempo em cada um deles, ouvindo e vendo, anotando tudo mentalmente, assim como fazia questão de escutar as longas histórias familiares de cada senhor feudal, rindo quando riam e chorando quando choravam. Tinha grande facilidade de fazer amigos, bastava para tal fazer uma pergunta ou duas sobre a pessoa ou sua família e, imediatamente, o interlocutor desfiava um rosário sem fim de antepassados ilustres que lutaram na guerra contra fulano e sicrano, tendo feito coisas notáveis, e assim por diante. Zékhen escutava tudo com redobrado interesse, pois toda informação lhe era valiosa.

Zékhen, nesse período de viagens, registrou uma quantidade enorme de falhas, roubos, malversações de dinheiro público e abusos contra a população mais carente. Ele não era Osíris, que se preocupava com o povo pobre, desejando que todos fossem felizes. Via o miserável como massa de manobra para suas ideias que, aos poucos, iam sendo formadas em sua mente, sem que ninguém soubesse.

Aos vinte anos, reuniu-se com o pai e o tati e disse-lhes:

– Tive a oportunidade de visitar todos os heseps do nosso reino. Observei que a divisão é fundamental para a existência do país. Tenho dúvidas, porém, quanto a esse sistema de feudos. Creio que a administração dos heseps deveria ser feita como era no tempo de Osíris, ou seja, por profissionais, e não por direito de herança.

O tati, um feudatário também, contestou as afirmações do jovem:

– Veja que esse sistema não impediu que um dos seus administradores, Seth, tentasse contra a vida dele. Mas em compensação, nesses quase quatrocentos anos de sistema hereditário, nenhum nobre sequer tentou derrubar o rei do trono, tendo havido paz e prosperidade.

O rei entrou na conversa e disse:

— O sistema de hereditariedade deve ser visto pelos dois lados. Imagine se, amanhã, ao se tornar rei, resolvesse substituir todos os nobres dos heseps, afirmando que o sistema hereditário não é justo, já que não premia o mais eficiente. O mesmo argumento poderia ser usado contra sua real figura. Não irá receber o trono por herança também? Concorda comigo?

O jovem príncipe já vinha dando trato à questão por algum tempo. Sabia que o rei deveria ser o repositório e o fiel depositário da justiça que não era feita, especialmente para os homens simples. No entanto, cuidadosamente, Zékhen retrocedeu na discussão com o tati e o rei, seu pai.

— Vocês têm razão. O que me preocupa é que há nobres hesepianos que são um flagelo para seu povo e outros que lutam entre si. De que forma poderíamos impedir essas lutas que nos enfraquecem e como impedir que haja abusos contra o povo?

O tati sorriu e disse de modo desprezível:

— Ora, o povo, meu caro príncipe, sempre será motivo secundário. Em nenhum momento a política estará voltada para ajudá-lo ou protegê-lo. Qual a importância que tem?

O rei interferiu para abrandar a discussão.

— Zékhen é jovem e, portanto, idealista. Imagina que, ao assumir o trono, deverá respeito e consideração ao povo. Filho, ouça o que lhe digo. O que acontece é exatamente o contrário. Você é que deve receber o respeito e a consideração do povo.

— Será que não é possível um sentimento mútuo? Que sintam amor e, até mesmo, adoração pelo seu soberano e que recebam em troca algo?

O rei riu e disse-lhe:

— Você está fortemente iludido quanto ao povo. Quando me visto de Rá e me adoram, não o fazem à pessoa do rei e, sim, a um símbolo, a uma época de ouro. Pessoalmente, sei que sou motivo de chacota como todo nobre hesepiano o é, assim como qualquer figura de poder o será pelos seus subalternos.

— Não tenho ilusões quanto a isso. Não estou à procura de adoração pessoal. Creio que o povo deve receber algo em troca pelo seu trabalho e obediência.

O tati, procurando ser amável, perguntou:

— Meu príncipe, o que poderia ser? Será que eles já não recebem bastante?

— Mas, tati, o que é que eles recebem? A terra não lhes pertence mais. Os senhores dos heseps a tiraram. Trabalham por quantidades ínfimas de comida.

— Entretanto, roubam descaradamente seus senhores — interveio o rei.

Zékhen sentiu que o momento não era de tergiversar. Não ganharia nada indispondo-se com o pai e o tati.

— É verdade! afirmou rindo. — São todos uns ladrões.

O tati, paternalmente, colocou o braço em volta do ombro e disse-lhe:

— Meu jovem, vejo que é bem-intencionado, mas saiba que esse sistema existe há mais de trezentos anos, com absoluto sucesso. Os tempos dourados de Rá e, depois, a era de ouro de Osíris não irão mais voltar. O povo simples endeusa Osíris, contudo, nós, os mais sábios, sabemos que Osíris foi um tolo, um sonhador. O verdadeiro poder sempre foi de Rá, que soube colocar os seus inimigos no lugar que merecem. Não era um idealista, tendo os pés no chão e a espada na mão. Se deseja procurar um paradigma, que seja então o grande Rá.

Zékhen pensou um instante e arriscou uma pergunta:

— Será que não seria possível ter-se os dois como estalão?

O tati não pôde deixar de sorrir.

— Como conciliar o fogo e a água? Como fazer conviver o chacal e o cordeiro? Como ser duas coisas diferentes ao mesmo tempo?

O jovem pensou um pouco e não respondeu. No seu íntimo, sabia que o tati tinha razão. Era preciso escolher. Os sacerdotes o tinham ensinado a ser como Osíris, mas a vida o puxava para ser como Aha.

Zékhen desejava visitar o Norte. Tinha curiosidade em saber como era a parte rica do Kemet, que havia sido constituída de dois reinos à parte. Chegaram informações de que o rei de Perouadjet havia conseguido conquistar o reino de Djedu. Muitos tinham medo de que agora ele se voltasse contra o Sul, mas outros sabiam que o rei estava doente e que seu jovem filho ainda não estava pronto para tal empreitada. No entanto, Antef, o filho do rei de Perouadjet, estava, por sua vez, maquinando atacar o Sul, assim que seu pai morresse.

A mente de Zékhen divagava sobre as histórias que ouvira contar. A maioria era fantasia, porém só saberia disso se fosse até lá. Aproveitou o ensejo para mudar a discussão para outro ponto que lhe interessava mais.

– Realmente, tati, o senhor tem razão. Não vale a pena discutirmos sobre paradigmas. Entretanto, meu pai, gostaria de pedir-lhe autorização para visitar o Norte.

O pai olhou-o assombrado e disse-lhe, perplexo:

– Meu filho, você continua com essa ideia fixa de visitar o Norte! Tenho receio de permitir que vá e que algo terrível lhe aconteça. Não posso me dar o luxo de perder meu herdeiro.

– Nada me acontecerá. Mas, se os deuses decidirem pelo meu infortúnio, ainda assim existe Nârmer, meu filho, que poderá substituir-me.

– Nârmer não passa de um garoto de seis anos que está no Hetbenben para sua educação formal.

– Mesmo assim, poderá ser o seu sucessor se algo acontecer-me.

O tati, homem astuto, quis saber por que razão Zékhen desejava conhecer o Norte, arriscando-se numa aventura perigosa.

– Ilustre príncipe, se ouso lhe perguntar, qual a razão de tão temerária excursão?

Zékhen disse que desejava visitar o Norte para conhecer as forças e fraquezas de seu rival, conhecer as cidades principais, para delas retirar ensinamentos e descobrir o armamento e a força militar. Ele afirmou que desconfiava de que o príncipe de Perouadjet iria atacar o Sul, menos dia, mais dia.

– Sim, compreendo – e virando-se para o rei, disse: – Ele tem razão. Precisa conhecer as forças do Norte antes de assumir o reinado. Deixe-o ir. Poderemos providenciar uma escolta mínima disfarçada, para protegê-lo.

– Boa ideia. Uma escolta de dois homens, bons lutadores.

Zékhen pensou: "Melhor concordar e, depois, me livro dos dois homens." Dessa forma, aceitou de aparente bom grado e ficou combinado que partiria dentro de cinco dias. Os homens seriam escolhidos pelo tati em face de sua experiência de luta e, naturalmente, de comprovada lealdade para com o ministro, de tal forma que, na volta, poderiam contar-lhe todas os opróbrios do jovem príncipe.

O tati reuniu-se com dois esbirros e deu-lhes ordens estritas:

– Vocês irão com o príncipe Zékhen até o Norte.

Os dois olharam um para o outro, e o tati disse logo:

– Trata-se de uma missão secreta. Ninguém pode saber quem são. Vocês irão disfarçados de monges peregrinos em visita religiosa aos santuários de Osíris, Seth, Neftis, Ísis e Hórus. Se alguém perguntar, vocês são monges silentes do templo Hetbenben. Deixem, nesse caso, o príncipe falar, pois ele conhece o templo como ninguém, já que morou lá por dez anos.

Os dois assentiram.

– Suas ordens são para proteger o príncipe de assaltantes e perigos ignotos. Devem, portanto, obedecer à sua vontade. Se quiser ir para ali ou acolá, não discutam, sigam-no. Quero que me relatem, na volta, com riqueza de detalhes, tudo o que fez, aonde foi, com quem falou, com quem relacionou-se, o que disse e a quem disse. Memorizem tudo, nos mínimos detalhes. Quero saber de tudo. Entenderam?

Os dois anuíram. O tati podia contar com os seus dois devotados espiões.

Pelo seu lado, Zékhen já presumia que o tati iria preparar sua guarda pessoal para que relatasse tudo na volta. Não parecia se importar com isso, recebendo os dois soldados com jovialidade, não demonstrando a menor desconfiança. No seu íntimo, já havia decidido a sorte dos dois esbirros. Por sua vez, o tati ficou satisfeito com os arranjos, acreditando que o aparentemente ingênuo e jovem príncipe seria vigiado de perto. Poderia conhecer os pontos fracos do futuro rei e dominá-lo, como fazia com seu pai.

Capítulo 2

Alguns dias depois, o pequeno grupo de três homens, disfarçados em monges mendicantes, tomou o caminho para o Norte. Iam numa balsa, descendo a correnteza suave do rio, até atingirem a parte em que o rio se bifurcava. Zékhen preferiu conhecer Banebdjedet e saíram para a direita, em direção ao nordeste do delta.

Enquanto o barco deslizava em direção a Banebdjedet, Zékhen ia pensando sobre os problemas que viria a ter no futuro. A sua mente, muito analítica e calculista, concluiu que, se quisesse ser o dono de todo o Kemet, deveria mandar matar todos os governadores hesepianos. Nenhum deles deveria continuar vivo, senão a sua autoridade estaria sempre comprometida. Os nobres do Sul eram despóticos, não obedecendo a nenhum comando central, e Zékhen não acreditava que os do Norte fossem muito diferentes.

Sua mente divagou ainda mais um pouco e concluiu que o assassinato poderia ter um significado político especial. Em sua concepção, não era errado matar outrem se houvesse um valor maior a ser conquistado: o bem da nação. Ou seria o seu próprio bem? O morticínio político deveria incluir não só os governadores hesepianos, como também alguns chefes da igreja. A classe sacerdotal estava muito livre, independente do poder dos reis.

Como fazer essa carnificina e assim mesmo sair-se bem com a população que deve temer seu rei e também adorá-lo? De que forma poderia conquistar o Norte se não tinha sequer um exército? Com que meios iria conseguir uma tropa de guerreiros bem-treinada, bem-armada, disciplinada e motivada para atacar e dominar o Norte? De onde iria obter os recursos financeiros, se o rei de Téni não passava, de certa forma, de um títere nas mãos dos nobres e da própria igreja?

Essas perguntas assaltavam a mente de Zékhen à medida que o barco descia a correnteza, sob pequeno esforço dos remadores. Dirigiam-se para Banebdjedet, cidade incrustada entre o braço de Damietta e Rosetta, acessível por uma série de lagos e charnecas.

Três dias depois, atracavam num pequeno ancoradouro próximo a Banebdjedet. Eram quase quatro horas da tarde e dirigiram-se para o templo do famoso bode de Banebdjedet que, além de ser o mais importante da região, era o local que dava a melhor hospitalidade aos peregrinos. Zékhen e seu grupo passaram-se por peregrinos vindos de On.

Um dos monges, braço-direito do sumo sacerdote, genuinamente interessado no famoso templo, conversou com eles, após a ceia.

– Irmão Uegaf, é verdade que somente os eleitos podem ver o benben?

Zékhen se apresentara como sendo o monge pedinte Uegaf, tendo igualmente inventado nomes para os dois acompanhantes. Para justificar que os dois guarda-costas não falassem, disse que eles tinham feito voto de silêncio parcial. Não podia correr o risco de os esbirros serem interrogados, porquanto desconheciam totalmente as dependências e a doutrina mais secreta do templo. Zékhen não corria risco nesse ponto, conhecendo cada pedra, cada detalhe e todas as histórias.

– O benben é um objeto muito poderoso. É necessário um preparo muito especial para ser visto e não pode ser tocado por ninguém.

Tudo o que o homem esconde dos outros suscita lendas, mitos e estranhas condutas. O benben era apenas a representação física de um grande transportador astral que trouxera as muitas levas de degredados e seus guardas e assistentes preocupados com sua recuperação. Era um monumento de dois metros de altura, feito de granito cinza-chumbo, luzidio, em forma piramidal. O cume era feito de granito avermelhado. Ptah e Amon tinham interpretado o píncaro como sendo a própria ave benu, um fogo que não se consumia, transportando o grande objeto. Essa ponta rubra era chamada de benbennet, sendo o grande mistério do benben. No interior do monumento, não havia nada de especial; apenas uma estrutura de madeira e terra para sustentar a disposição externa das pedras de granito, perfeitamente encaixadas, polidas e brilhantes.

Os olhos do sacerdote abriram-se desmesuradamente, em sinal de surpresa.

– Oh! Eu não sabia que não podia ser tocado.

– Não, o monge curador só permite que pessoas especialmente preparadas possam entrar. Devem estar limpas de todas as impurezas físicas e mentais, assim como serem iniciadas nos grandes mistérios.

O pobre monge não cabia em si de curiosidade. Finalmente encontrava um homem que conhecia o benben. Seria aquele jovem um dos poucos iniciados nos grandes mistérios do templo Hetbenben? Sua mente voava em imagens e suposições fantasiosas.

– Que ouse lhe perguntar, o irmão é iniciado nos grandes mistérios?

Zékhen, por força de seu destino de rei de Téni, fora iniciado completamente, entretanto, com sua idade não o poderia ser, caso fosse um monge comum. Teria que ter passado pelos grandes testes, o que só poderia ser feito na idade madura, vinte e cinco anos ou mais. Após aprovado nos testes, teria que passar, no mínimo, cinco anos aprendendo as sagradas escrituras de Khnum, colhidas diretamente da boca da grande deusa, Nekhbet.

– Não, meu caro irmão. Não tenho idade para as grandes provas. Pretendo passar pelos testes, quando tiver idade para tal. O que estou lhe contando é o que ouço nos corredores do grande templo.

– Ah, sim! – exclamou o monge, mais confiante em Zékhen. – Imagino que, sendo do grande Hetbenben, deve conhecer muitas outras coisas e ouvir histórias extraordinárias.

O ser humano sempre foi ávido por histórias que enchessem sua mente. No Kemet antigo, assim como em todo o Oriente, os contadores de história eram muito benquistos e Zékhen usaria esse expediente para ganhar a confiança do monge do templo de Uepuat.

– É claro, meu irmão. Todos sabem que o benben é um instrumento trazido pelos grandes deuses Rá e Amon, quando andaram aqui no Kemet, ensinando-nos os modos civilizados. Quando partiram para a grande planície, deixaram o benben para que pudéssemos entrar em contato com eles quando precisássemos.

Os olhos do monge quase saltavam fora das órbitas, tamanho o interesse que o assunto despertava. Zékhen continuou falando de generalidades e de lendas que corriam entre o povo, sendo que ele próprio conhecia a verdade. Nada daquilo era realidade, porém Zékhen, assim como muitos outros monges do Hetbenben, inventava essas lendas, em parte para glorificar-se, em parte para enganar os crédulos.

– Além disso, existe uma força, um poder estranho que rodeia o benben. Se uma pessoa não preparada tocar no santo objeto, é fulminada pelo cume, o benbennet, e queimada pelo fogo do benu como se fosse jogada numa pira incandescente.

Assim, noite adentro, Zékhen continuou contando suas histórias mirabolantes, notando uma coisa fundamental que não vislumbrara antes: a importância do Hetbenben para os kemetenses. Por ter morado no templo, Zékhen não dera valor àquela construção arcaica, que teve que ser, várias vezes, reerguida e recuperada. Para os kemetenses daquela época, o benben era sumamente importante. Algo de sagrado num mundo profano. Um mito que, durante séculos, fora cultivado e que levava os monges a peregrinações ao templo. Tornara-se, com o decorrer dos anos, um lugar de milagres, onde cegos voltavam a ver, aleijados, a andar e loucos ficavam sãos. Ninguém era levado para ver o benben, mas todos voltavam para suas terras, contando a deferência especial que obtiveram do sumo sacerdote, permitindo-lhes que vissem, de longe, é verdade – para não terem que contar muitos detalhes daquilo que não viram –, o sacrossanto objeto.

No outro dia, saíram pela cidade para conhecê-la, já que na véspera não tiveram força e tempo para visitá-la. Banebdjedet era uma bela metrópole, com quase trinta e cinco mil habitantes. Vivia em função dos excelentes grãos e dos rebanhos de carneiro de boa qualidade, produto da cruza entre os nativos e as cabeças trazidas por Osíris da Ásia Menor, do planalto da Anatólia. Dirigiram-se ao mercado central, situado em plena rua, onde as tendas de vendeiros espraiavam-se pelas ruas e praças adjacentes ao templo.

Havia belas mulheres nas ruas, algumas da classe mais pobre, demonstrando que, no Norte, as fêmeas eram mais formosas do que no Sul. Zékhen deduziu que, no Sul, elas se miscigenaram pouco, enquanto no Norte a mistura com líbios indo-europeus, negros africanos, núbios magníficos e cananeus semitas havia gerado uma bela raça.

Os dois homens que o acompanhavam olhavam as mulheres de uma forma fescenina, imprópria para um monge mendicante que, mesmo não tendo feito votos de castidade, não deveria sair fornicando com qualquer uma e, muito menos, dar-se ares de conquistador imponderado. Zékhen foi obrigado a chamar a atenção dos dois e um deles, o mais atrevido, respondeu-lhe grosseiramente. Zékhen calou-se e daquele momento em diante passou a maquinar a morte dos dois capangas.

Dirigiu-se à casa do mais rico dos homens de Banebdjedet para pedir-lhe comida e abrigo, para conhecer mais de perto seu inimigo futuro.

Perguntou a um e a outro, encontrando uma relação de três nobres que competiam entre si pela honra de um deles ser considerado o mais rico de todos. Uma das vantagens de ser um monge pedinte de Hetbenben era a receptividade fabulosa demonstrada aos raros monges que se aventuravam tão longe, além de serem considerados semideuses, já que cuidavam do templo de Rá Harakthy.

Na primeira casa em que bateram, após as apresentações e uma pequena espera para que o dono fosse alertado e desse seu consentimento, Zékhen e seus comparsas foram introduzidos. O palacete em nada ficava devendo à casa do seu pai, o rei de Téni.

Tinham chegado à grande residência à hora da ceia, tendo passado o dia a visitar todos os lugares de Banebdjedet. Foram levados para um quarto amplo que dava para um patíbulo interno, onde jorrava uma pequena fonte.

Zékhen ficou surpreso com aquele chafariz, pois tratava-se de engenho que lhe era desconhecido. Mais tarde, saberia que, em Banebdjedet, alguns proto-engenheiros hidráulicos tinham desenvolvido maravilhas, inclusive a de levar água corrente do Iterou até certas casas por meio de canaletes, tubos de barro cozido ao fogo, e reservatórios colocados em partes mais altas na casa, de forma a fazer a água escorrer pela ação da gravidade. Obviamente, a energia para fazer tudo isso funcionar era humana e animal, portanto restrita às casas mais ricas. Era, contudo, uma inovação que Zékhen achou estupenda, prometendo-se uma semelhante, assim que pudesse.

Três escravos entraram no quarto e convidaram os hóspedes a um refrescante banho num dos lados da fontana apropriado para tal. Zékhen adiantou-se e, tirando a túnica, entrou na água tépida. O escravo, seminu, entrou e esfregou-lhe as costas com uma espécie de esponja, feita de linho rústico, devidamente amaciado com o uso constante. Os esfregões bem dirigidos do escravo, da nuca para o centro do corpo, relaxaram os nervos tensos do príncipe.

Os outros dois, desconfiados de tanta solicitude, acabaram seguindo o seu exemplo. Em um quarto de hora, os hóspedes foram lavados, enxutos, perfumados com flores e vestidos com roupas limpas, enquanto as suas vestimentas seriam lavadas e devolvidas no outro dia. No final, duas escravas, negras como a noite, do tipo a que Zékhen era afeito, entraram no quarto com ânforas e passaram um pouco de óleo canforado com um cheiro adocicado nos pés, axilas, cabeça e virilhas dos três convidados. O ato, rápido, eficiente e profissional, tirou qualquer vontade mais lúbrica dos três, deixando-os limpos, perfumados e esfomeados, já que não tinham comido nada durante o dia.

Naquela noite, o jantar foi servido extraordinariamente na sala principal. Era uma ocasião especial, afinal das contas, receber monges do Hetbenben era uma ocasião rara que precisava ser desfrutada à altura. Zékhen, levado pelo escravo que lhe fora destinado, foi apresentado ao dono da casa.

Zékhen apresentou-se e os seus amigos, afirmando de imediato que eram monges com votos de silêncio, aos quais o dono da casa não pôde deixar de enviar um olhar de desprezo. O kemetense demonstrava logo que todo dom deve ser utilizado e o que não é bem usado acaba por tornar-se um peso morto. Não falar é como não querer amar os outros, pois grande parte do amor é feito de palavras.

Zékhen, esguio, alto, de feições másculas e com voz grave e cálida, sempre tinha o dom de ser bem recebido. Parecia mais um príncipe do que um monge. O dono da casa colocou os monges silenciosos bem afastados dele e guardou Zékhen para sua presença.

Na mesa de Onkh-Haf havia uma dúzia de homens, mas existiam mais duas mesas no recinto. A primeira era somente de mulheres e crianças e devia ter mais de três dúzias de pessoas. Na segunda mesa, para onde foram deslocados os dois pretensos sacerdotes com votos de silêncio, estavam os servos importantes e os de menor categoria social. Nessa mesa o número não passava de dez convidados, já incluindo os dois falsos monges.

Zékhen, doravante conhecido como Uegaf, perguntou se, todos os dias, o repasto noturno era tão concorrido. Onkh-Haf riu e disse-

-lhe que aquela era uma ocasião especial, já que tinham a honra de receber os monges do Hetbenben. Onkh-Haf apresentou quatro dos homens mais ricos de Banebdjedet, inclusive o governador hesepiano, uma figura nobre, um ancião, de cabeça calva e de olhos imensos, negros, perscrutadores. Naquele momento, reunia-se a nata de Banebdjedet que, se não era cidade de grande importância, era, pelo menos, um complexo habitacional bastante rico e independente, um dos heseps de maior prestígio pela sua beleza e opulência.

O jantar foi além de qualquer descrição. Somente em termos de carneiro, foram apresentadas diferentes versões: assado, cozido, pernil, costeletas, rins, miúdos, olhos em vinagrete, olhos em óleo e alho, pernis cortados em pequenas fatias ao óleo e alho com rodelas de cebolas. Além do carneiro, foram oferecidos ao paladar dos participantes carne de gado em tantas variações possíveis, sempre acompanhadas de papa de aveia, bolinhos de trigo e verduras.

Zékhen ficara surpreso não só com a imensa variedade, como também com a fartura e a velocidade com que tudo fora preparado. Perguntou timidamente se tudo fora feito nas cozinhas de Onkh-Haf que, mais uma vez, gentilmente explicou-lhe que cada hóspede ao ser convidado de supetão, para não perder o que fizera para seu próprio ágape, trouxera-o para compartilhar com os demais, razão essa de tanta comida e de grande variedade.

À medida que os serviçais começaram a trazer a comida em grandes bandejas de cobre, alguns músicos entraram no largo recinto e começaram a tocar instrumentos desconhecidos para Zékhen. Havia uma lira que ele já conhecia e mais alguns instrumentos de sopro que tiravam notas musicais cariciosas aos ouvidos. Eram acompanhados por tamborins que davam à música um ritmo lento e sincopado. Não havia dúvidas de que os nortistas sabiam viver de forma bem mais agradável e civilizada do que os sulistas. Eram mais refinados, sabendo gozar a riqueza com muito mais satisfação do que os seus concidadãos. Zékhen concluiu que, na primeira oportunidade, também viveria dessa forma.

No final, as crianças e mulheres saíram, enquanto os homens continuaram próximos às mesas baixas que os obrigavam a sentar, estirados, sobre confortáveis coxins. Onkh-Haf, o dono da casa, foi o primeiro a dirigir a palavra ao jovem monge, que agora se via na obrigação de responder às perguntas de seus anfitriões até o limite de seus votos de manter os grandes segredos.

Passaram algumas horas falando do Hetbenben, do segredo do benbennet, da ave benu e de como e por que vieram de Atlântida para aquela distante terra. A maioria, constituída de capelinos, que dava mostras de melhoramento íntimo, escutava essas lendas e, com o coração compungido, parecia lembrar-se do jardim do Éden que havia perdido. Zékhen jamais poderia contar essas lendas ao populacho, pois eram consideradas sagradas e somente os nobres, os reis e os sacerdotes do Hetbenben conheciam os grandes mistérios, que haveriam de se perder na noite dos tempos.

Recolheram-se tarde. Zékhen, jovem e viçoso, ao adentrar seu recinto, encontrou um casal de negros núbios, lustrosos e sedutores, aguardando-o. A mulher era bela, apresentando cintura fina, coxas roliças, nádegas protuberantes e seios pequenos. O homem era esguio, levemente mais baixo do que Zékhen, com um corpo em que cada músculo podia ser visto devido a uma perfeita definição. Zékhen dispensou o homem com um gesto e chamou a mulher. O escravo núbio retirou-se sem fazer barulho, enquanto a mulher deitava-se ao seu lado, para copularem até a satisfação do falso monge. Os sacerdotes não eram obrigados a fazer votos de castidade e muitos que o faziam podiam voltar atrás depois de algum tempo. A maioria que cumpria os votos até o final eram os profetas, já que temiam perder o dom de predizer o futuro e, com isso, ser abandonados no ostracismo dos templos. Os bons adivinhos, especialmente os virgens, eram respeitados, queridos e muito bemremunerados.

Existia, contudo, um tipo de feiticeiro, seja de que sexo fosse, que praticava um comércio ilícito com os espíritos obsessores e, em alguns casos, com perigosos alambaques que ainda infestavam o astral inferior, o que acarretava um grave prejuízo às duas partes. Esses bruxos eram temidos e muito procurados pelas pessoas que desejavam algo escuso, escandaloso e vil.

Zékhen acordou cedo e viu-se só. Foi até a fontana e fez suas abluções matinais. Aos poucos, o vigor retornou ao corpo cansado. Suas roupas, limpas e secas, tinham sido colocadas num móvel. Vestiu-as, deixando as emprestadas no mesmo local. Dirigiu-se até a cozinha e encontrou um batalhão de servos e mulheres andando de um lado para outro e seus dois comparsas falando pelos cotovelos, cada um contando suas façanhas guerreiras e suas conquistas amorosas. Para dois monges pedintes em viagem de peregrinação pelos templos dos muitos deuses, os dois comportavam-se de forma pífia. Zékhen olhou-os com severidade, mas já era tarde, o mal fora feito. Em alguns minutos, os donos da casa seriam avisados de que os dois monges eram falsos, parecendo mais salteadores do que dignos sacerdotes.

Realmente, Zékhen foi chamado à presença de Onkh-Haf que, sem circunlóquios, foi logo recriminando-o.

– Prezado sacerdote, recebi-o de braços abertos e ofereci-lhe a hospitalidade de minha casa. Seus dois companheiros me foram apresentados como sendo dois monges e descubro hoje que são ferozes guerreiros e que estão a seu serviço para protegê-lo. Peço-lhe que se digne explicar-me essa situação.

Zékhen, vivaz e já prevenido, saiu-se com a seguinte desculpa:
– Mestre Onkh-Haf. Devo-lhe escusas; trata-se de assunto que fugiu ao meu controle. Vou contar-lhe a verdade e espero que possa ser indulgente comigo.

Zékhen contou que era o terceiro filho de um rico comerciante de On e que, desde pequeno, aspirava à vida monástica, conseguindo-a quando atingiu a idade própria. Cursou durante anos as matérias secretas dos grandes ensinamentos e recebeu como missão visitar sete templos do Baixo Kemet. Seu pai, muito cuidadoso e prestimoso, ficou preocupado com essa insólita missão e, contra sua vontade, destinou dois esbirros para guardá-lo de emboscadas, traições e assaltos. Ele, envergonhado com a presença de dois beleguins da pior laia, preferia apresentá-los como irmãos sacerdotes a dizer a verdade que, provavelmente, lhe fecharia as portas das casas de gente honrada. Desse modo, Zékhen solicitava o perdão pela mentira e disse-lhe que estaria disposto a reparar qualquer erro porventura cometido. Onkh-Haf pensou por alguns segundos e disse-lhe:

– Como pai, posso entender os cuidados de um outro pai para com um filho. Estou disposto a perdoá-lo desde que me ajude com uma filha que vive doente e, receio, possuída pela mais completa loucura.

Zékhen viu-se em dificuldades. Não tinha os dons de cura que a maioria dos monges de Hetbenben tinha e que fazia a fama do lugar, e nem era capaz de adivinhar o passado e o futuro. Agora, como recusar um favor a tão gentil figura? Além disso, Onkh-Haf tinha mais de vinte guardas particulares que poderiam estraçalhar os três incautos.

Zékhen foi levado à presença de uma mocinha que jazia prostrada num catre, num aposento escuro. O pai explicou que desejava ficar sempre na escuridão, mesmo durante o dia. A moça não devia ter mais do que treze anos e o pai disse baixinho:

– Somos obrigados a retirar todos os objetos do quarto, pois, subitamente, começam a voar e bater em todos os lugares, especialmente, para cima de minha filha.

Zékhen já escutara falar em demônios que levavam as mocinhas à loucura para possuírem seu ká depois da vida. Sabia e tinha visto fazerem exorcismos que, na maioria das vezes, não davam em nada. O obsidiado piorava e, invariavelmente, suicidava-se ou ficava catatônico, sem reconhecer mais ninguém.

Zékhen sentou na cama e a mocinha virou-se para olhá-lo. Um cheiro nauseabundo atingiu as narinas de Zékhen, de urina com fezes, vômito e suor de dias. Era um odor insuportável. Sentiu seu estômago revirar-se, fazendo extrema força para não vomitar a papa de aveia que ingerira como desjejum.

A moça levantou-se repentinamente da cama, fitou-o e disse, numa voz convulsionada:

— Eu o conheço, chacal imundo. Truculento flagelo do Kemet. Você é aquele que deseja subjugar o delta e unificar as Duas Terras. Filho maldito de Téni. A fama e o poder, no entanto, não lhe caberão. Acabará esquecido e sua figura, ofuscada pelo brilho do novo sol.

Zékhen ficou lívido. A moça estava lendo seu futuro e seu disfarce poderia ser desfeito de uma hora para outra. Gritou alto para que a moça se calasse, e parecia que uma força se apossava dele e o obrigava a falar:

— Cale-se, espírito imundo, e deixe essa menina em paz.

A moça subitamente começou a estrebuchar, como se estivesse tendo um ataque epiléptico. Gritava, babava e debatia-se freneticamente, enquanto o pai e dois acólitos tentavam subjugá-la. Zékhen, possuído de um fervor místico que lhe era desconhecido, gritou mais uma vez:

— Basta! Tudo está consumado.

Ao dizer essa frase, a entidade que obsediava a pobre menina foi devidamente dominada pelos guardas astrais e levada para uma prisão própria para celerados do mundo espiritual.

A moça caiu desfalecida e Zékhen apressou-se em dar ordens para banhá-la, limpando-a da nojeira que a caracterizava, dando-lhe novas vestes, e alimentá-la com sucos e sopas, já que não comia nada sólido há, pelo menos, cinco dias. Seu estado de paroxismo inspirava cuidados permanentes e objetivos. O falso monge, ainda sob o domínio de um guia espiritual que lhe inspirava os atos e palavras, disse ao pai:

— Assim que estiver boa, leve-a ao templo; será a pitonisa do deus-bode de Djebet. Deverá dedicar sua vida a profetizar, pois este é seu dom.

O agradecido pai deu ordens para que obedecessem às recomendações de Zékhen e, assim que se viu a sós com ele, disse-lhe:

— Nunca tinha visto nada semelhante. Creio que você é mais do que o olho pode ver.

Zékhen baixou os olhos, como se procurasse dissimular sua verdadeira posição. Onkh-Haf, porém, disse-lhe:

— Não sei quem é. Se é um deus ou demônio. Não sei se expulsa os trevosos por ordem do Deus Único ou dos impuros que vivem a nos trazer doenças. De uma forma ou de outra, desejo que seja feliz e parta de minha casa o mais breve possível.

Zékhen ia abrir a boca para falar algo, mas Onkh-Haf o interrompeu:

— Não diga nada. Sei o que aquele espírito imundo que dominava minha filhinha falou. Ele disse que você será o flagelo do Baixo Kemet. Entendi perfeitamente quando o chamou de filho de Téni. Agora vejo que deve ser tenita. Creio saber quem é. Você só pode ser Zékhen, filho de Khase, rei de Téni e do Alto Kemet. Somente o filho de Khase, de Téni, há de querer conquistar as terras altas do delta do Iterou e subjugar-nos.

Zékhen olhava-o com uma expressão dura no olhar, enquanto o velho completava o raciocínio.

— Digo-lhe, caro Zékhen, que não será vitorioso. Só não dou ordens para a sua morte imediata agora, e neste local, porque devo-lhe meus respeitos como anfitrião e sou-lhe devedor como pai. Dentro de um dia, darei ordens para que meus servos e os dos meus amigos persigam-no e matem-no, assim que for encontrado. Dessa forma, estaremos quites; dou-lhe sua vida por vinte e quatro horas. Saiba aproveitar o ensejo para nunca mais voltar ao Norte. Retorne à sua casa em Téni e seja feliz como rei do seu miserável povoado.

Dizendo essas palavras, Onkh-Haf saiu do quarto, batendo os pés e, na porta, deu uma última olhada em Zékhen que, silenciosamente, o olhava com profundo ódio. Os dois homens, que começaram tão bem a sua relação, terminavam-na como inimigos.

Zékhen correu e ajuntou suas poucas coisas, chamou os dois esbirros e deu-lhes ordem de partida. Dirigiram-se ao atracadouro onde estava o barco, que, para a sua surpresa, havia sido roubado. Zékhen pensou um instante e, voltando-se para um dos homens, disse-lhe:

– Vá até o centro do ancoradouro e procure alugar um barco e diga a todos que estamos indo para On, de volta para o templo de Rá.

O esbirro afastou-se e em poucos minutos voltou com um sorriso idiota na face, confirmando que conseguira um barco que os levaria até On por um preço de ocasião. O príncipe ficou satisfeito e todos subiram a bordo da embarcação.

Zékhen observou que a equipagem era constituída de três marujos muito mal-encarados. Viu quando aquele que parecia ser o chefe da tropa apontou disfarçadamente para ele, falando algo para seu colega. Zékhen ficou ainda mais alerta.

O calor da tarde era sufocante, os mosquitos, irritantes e a conversa de um dos barqueiros, maçante. Zékhen queria ir até Perouadjet, capital do Baixo Kemet. Isso o obrigaria a atravessar uma grande parte do delta. Estava na parte central e deveria ir para o Oeste, uma viagem de cem quilômetros, e sabia que Onkh-Haf não esperaria um dia para dar o alarme. Com efeito, naquele momento, duas horas depois da precipitada partida, Onkh-Haf, arrependido de ter deixado escapar tão valioso personagem, dera o alarme e, agora mais de duzentos homens, inclusive o governador do hesep, estavam subindo em botes para persegui-los, aprisionar Zékhen e cobrar um alto resgate pelo nobre refém.

Durante toda a tarde, os marinheiros fizeram força para vencer a correnteza do Iterou e chegar até uma pequena aldeia, onde deveriam dormir e descansar da fatigante labuta. Seria impossível dormir à noite no bote no Iterou. Zékhen intuía que seria nesse pequeno vilarejo que seriam atacados e mortos, e seus corpos desaparecidos entre as mandíbulas poderosas dos crocodilos. Não era possível que os remadores se dispusessem a levá-los tão longe por uma quantia tão irrisória.

Zékhen chamou seus comparsas, expondo em duas palavras suas suspeitas. Os três homens eram magros e, provavelmente, não os enfrentariam de bom grado, preferindo o ataque traiçoeiro, com ou sem ajuda de comparsas da aldeia. Era preciso atacar antes e esconder o bote numa das margens e, de manhã, prosseguir viagem.

Os dois guarda-costas de Zékhen aproximaram-se dos homens que movimentavam os remos, longas canas com uma das pontas em formato de pá, e se posicionaram mais ou menos atrás de cada um. Enquanto isso, Zékhen ficou de frente para o capitão da pequena embarcação, que também era o timoneiro. Ficou puxando uma conversa sem propósito para disfarçar suas intenções e, quando viu a aldeia ao longe, com um movimento felino, tirou sua adaga das dobras de seu saiote e feriu o timoneiro, empurrando-o para fora do barco.

Os outros dois esbirros atracaram-se com os dois marujos, na mesma hora em que ouviram o grito de comando de Zékhen. Um deles foi rápido e espetou uma adaga abaixo do braço do infeliz, que gritou, sentindo uma dor insuportável. O galfarro empurrou-o com força, fazendo-o cair da embarcação. O outro, todavia, parecendo pressentir o ataque, fez um movimento rápido com o remo e acertou o segundo guarda-costas de Zékhen na testa, o que o fez cambalear, sentindo fortes dores, dando tempo suficiente para que o defensor passasse para o ataque e, num movimento perfeito, erguesse a estaca, dando-lhe um golpe seco no peito, derrubando o atacante da embarcação e precipitando-o na água.

A situação agora tinha se alterado um pouco. Zékhen e um dos guarda-costas cercavam o último defensor e, numa manobra imprevista, o príncipe colocou-se atrás do malsim que enfrentava o remador. O atacante procurava, pulando de um lado para o outro, uma brecha para atacar o marujo, que se defendia com seu longo remo. Num determinado momento, os dois ficaram relativamente próximos e, num movimento rápido e forte, Zékhen empurrou o esbirro sobre o defensor, que conseguiu atingi-lo com a longa vara no meio da boca. Com o forte empurrão dado por Zékhen, o atacante chocou-se com o defensor e o fez tombar para fora do barco. O atacante ainda cairia dentro do barco, com a boca sangrando e a cabeça girando.

Zékhen tinha outros planos para seu guarda-costas. Era exatamente aquele que lhe respondera grosseiramente quando fora interpelado para que não olhasse para as mulheres com olhar cheio de cupidez. Pegando da adaga, cravou-a no pescoço do homem, que, surpreso, virou-se para Zékhen, que não perdeu tempo e dilacerou com um corte transversal o estômago do infeliz, que se curvou e entrou em choque, tremendo e esguichando sangue por todo o convés. Zékhen, sujo de sangue, num esforço final, levantou-o e o empurrou para fora da embarcação.

O barco estava sem timoneiro e agora voltava, lentamente, em direção contrária. Zékhen levou uns segundos para entender como funcionava o remo e levou o barco até a margem ocidental, encalhando-o numa das ribanceiras do Iterou. Procurou por coisas úteis na embarcação, encontrando algumas peças de ouro nas roupas dos esbirros, um odre cheio d'água e um pequeno saco de cereais nos pertences dos marinheiros. Desceu do barco, escondendo-o sob folhagens num trabalho tosco e desajeitado. Enfurnou-se terra adentro, escapando furtivamente da margem.

Faltava pouco para a noite descer e dormir ao relento era uma atividade perigosa. Havia chacais, crocodilos, leões e outros animais selvagens que não teriam dificuldades em atacá-lo. Precisava encontrar abrigo incontinenti ou correria risco de vida. Viu, antes que a noite descesse de vez, um conjunto de casas a certa distância. Traçou uma reta e dirigiu-se à aglomeração. Uma hora de marcha forçada o levou a seu destino. Três casas miseráveis estavam dispostas em semicírculo e podia-se notar que havia luz numa delas. Zékhen aproximou-se da casa iluminada e bateu na tosca porta. Um barulho se fez ouvir lá dentro e uma voz de homem gritou:

– Quem é? O que quer?

Zékhen respondeu que era um monge que tinha se perdido. Pouco depois, a porta era aberta e um homem desconfiado olhava para Zékhen. Foi convidado a entrar, relutantemente.

O interior da casa era absolutamente miserável, não tendo móveis e as poucas roupas estavam jogadas displicentemente no chão. A família era composta de uma mulher e dois filhos esquálidos, famélicos e mirrados. Um deles era uma criança de colo, não passando dos seis meses, ainda mamando no seio. A mulher, seminua, como era costume entre os kemetenses, era seca, encarquilhada, precocemente envelhecida e fustigada pelas asperezas da vida. Zékhen, mesmo acostumado a ver a miséria nas cidades, não a conhecia nos campos, onde era mais rude e inclemente. Não pôde deixar de sentir pena das pessoas que estavam ali. O homem tinha um braço torto, provavelmente por tê-lo quebrado, tendo sido soldado de qualquer forma. Era grande, magro e enfraquecido pelas doenças tropicais que atacavam o Baixo Iterou. Sem dragagens sistemáticas, aberturas e manutenção de canais e um tratamento permanente, o Baixo Iterou era um convite à morte prematura. Desde o grande Osíris, essas atividades não eram implementadas sistematicamente, dependendo da boa vontade do rei e dos administradores dos heseps.

A mulher olhou-o com tristeza e disse baixinho:

– Não temos muita comida para lhe dar.

– Não há necessidade, pois já comi.

Uma mentira piedosa para que a infeliz não sentisse mais vergonha.

O homem olhou-o e perguntou:

– É um monge?

– Sim, sou do Hetbenben, em On.

O homem olhou-o com um olhar vivo e disse-lhe:

– Sempre quis ir a On, conhecer o templo. Mas o trabalho não me deixa.

Zékhen resolveu perguntar ao homem a respeito de sua vida. Estava sinceramente comovido com a situação tenebrosa daquela família.

– O trabalho é muito penoso?

– É duro e cansativo, contudo o que nos mata são os impostos, a forma de arrendamento da terra e a servidão a que estamos submetidos.

Zékhen surpreendeu-se com a forma de expressar-se do homem. Era nítido, conciso e objetivo. Se não fosse o sotaque nortista e caipira, provavelmente Zékhen concluiria estar falando com algum nobre. Pôde observar que os gestos daquele camponês eram amplos e dignos. Não fosse o braço torto que lhe dava um ar grosseiro, pensaria estar diante de um rei. Seu porte era majestoso e seus modos, fidalgos.

– Como assim? – perguntou Zékhen, querendo saber mais sobre esse homem tão singular.

– Trabalhar é uma bênção dos deuses, no entanto o senhor desta terra, o nobre do hesep, exige que paguemos de acordo com a subida do rio. Quando sobe, é marcado o quanto subiu e pagamos os impostos, em sacas, de acordo com a marcação. Se subiu muito, paga-se muito. Se subiu pouco, paga-se pouco. Nós nunca somos comunicados quando sobe pouco e não adianta discutir com os coletores do governador. Cada ano que passa somos obrigados a pagar mais e mais. Chegamos a um ponto de miséria completa. E não há muito o que fazer, pois reclamar nem sempre é bem visto pelos guardas dos coletores. E, mostrando o braço torto, deu a entender que fora surrado pelos guardas. Além disso, mostrou profundas cicatrizes nas costas que demonstravam que fora chicoteado várias vezes.

Zékhen perguntou ao homem se não havia nada a fazer e ele lhe respondeu calmamente:

– Osíris, o grande Osíris, vendeu as terras aos meus antepassados. Mas, após sua morte, ela nos foi confiscada pelos nobres e ricos. Voltamos a ser meeiros e arrendatários das terras. Os coletores dos impostos levam mais da metade das sacas e ainda dividimos o que resta com o proprietário. Sei que o dono, além de ficar com a metade do que consegui, fica com a metade do que os coletores tiraram. Existe uma associação entre os donos de terras e os senhores dos heseps, de tal forma que nós não podemos fazer nada. Quando reclamei dos meus direitos, levei tanta vergastada que só me recuperei porque me recusei a morrer nas mãos daqueles crápulas.

— Realmente, é muito doloroso. Será que esse sistema vigora em todos os heseps?

— Não conheço todos os heseps do Kemet, entretanto, ao ir até o mercado em Banebdjedet, informei-me das condições parecidas em outros lugares. Devem existir lugares mais justos; não creio que tenha sido a intenção do grande Rá, quando fez a divisão em heseps, que isso fosse um instrumento de tortura e descalabro para os homens mais simples.

— Tenho certeza de que não. — Zékhen era sincero em sua afirmativa.

— Tenho dois filhos e já perdi outros dois com a febre dos pântanos. É preciso dragar esses locais e ninguém faz nada. Tentei arregimentar meus amigos para, em regime de mutirão, fazermos um grande canal para retirarmos a água em excesso, dragarmos os pântanos e plantarmos em novas terras. Teríamos mais área plantada e poderíamos conseguir melhores resultados. Mas ninguém quis fazer nada. Os infelizes já se entregaram à derrota, preferindo culpar os deuses e demônios pelas injustiças do mundo.

Zékhen e aquele camponês ainda ficaram conversando por alguns minutos para, depois, dormirem.

No outro dia, Zékhen levantou cedo, deu um óbolo para a mulher, enquanto seu marido não olhava, pois sabia que jamais aceitaria um donativo por menor que fosse. Zékhen despediu-se de todos e, numa última olhada para trás, cumprimentou o homem que acenou com seu braço bom.

O que Zékhen não sabia era que estava acenando para a última existência terrena de Tajupartak, o ex-alambaque que trouxera os sumérios para o Kemet. O grande Aha, após sua existência como filho de Ptah, renascera quatro vezes ainda, sendo uma vez na Suméria, como simples agricultor que fora trucidado pelas tropas de Lagash. Na segunda vez, nasceu como filho de escravo de um sacerdote kemetense, sendo submetido, desde cedo, a um regime de escravidão terrível. Acabou morrendo nas minas de sal no deserto do Sinai, após ficar cego. Outra vez, como cananeu, foi supliciado em homenagem ao deus Baal. E agora, como pobre camponês, estava sofrendo na carne as injustiças de um sistema feudal que ajudara a implantar. Depois desse renascimento, ele ainda iria aparecer em situações dignas do grande rei que fora, só que desta vez, na França, como um grande e venerado santo.

Zékhen prosseguiu seu caminho, enfurnando-se cada vez mais pelo interior, fugindo da beira do rio, onde poderia ser capturado pelas forças de Banebdjedet. Não se preocupara, por ser um espírito cavernoso, com o destino dos marinheiros e dos seus dois esbirros. Vira quando a água os tragara, imaginando que seria o fim de todos. Realmente, os dois esbirros, que não sabiam nadar, logo encontraram morte horrível por afogamento. Um dos barqueiros conseguiu sobreviver e, nadando bem, atingiu a outra margem, alcançando a aldeia. Em poucas horas, a comitiva que perseguia Zékhen chegou à aldeia, poucos minutos antes de escurecer, e logo soube, pelo barqueiro, o que sucedera. Ficaram de procurar, no outro dia, por Zékhen.

Não foi muito difícil o grupo de busca encontrar o barco escondido entre arbustos nas margens altas do Iterou e seguir, meio às escuras, meio por palpite, até a casa do homem que abrigara Zékhen. Ele foi interrogado e, nada sabendo da perseguição, disse que realmente um monge se hospedara pela noite e partira com os primeiros raios do sol, indo para o sul. Realeza protege realeza, mesmo quando não se conhecem. O homem apontara o sul, quando, na realidade, Zékhen escapara em direção noroeste. Este desvio de caminho seria providencial, colocando os perseguidores em direção equivocada, permitindo que Zékhen fugisse do seu assédio. O fato de ter sido tratado de forma cortês e prestimosa pelo estranho e de este estar sendo perseguido pelos seus próprios verdugos, fez com que Aha, renascido, desviasse de Zékhen a matilha que lhe ia nos calcanhares.

Capítulo 3

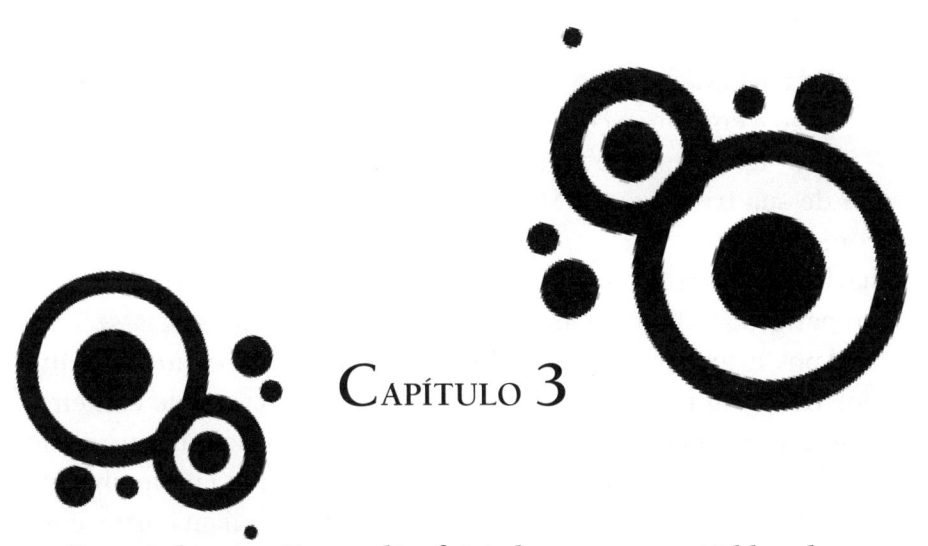

O caminho para Perouadjet foi árduo e penoso. Zékhen levou quase duas longas semanas para percorrer cem quilômetros, tendo que parar por diversas vezes em pequenas aldeias e mendigar comida que lhe foi dada, na maioria das vezes, em condições precárias e de má vontade. Emagrecera seis quilos e seu cabelo estava comprido para um monge mendicante. Estava magro, feio e o rosto encovado não dava mostras de sua nobreza. Ninguém o reconheceria naquelas condições miseráveis.

Perouadjet era uma das duas capitais do Baixo Kemet, com mais de cinquenta mil habitantes, num país que já alcançava um milhão e meio de almas. A cidade era cortada por um pequeno rio que dava para o lago que tinha o mesmo nome da cidade. No lado ocidental existia um templo dedicado à deusa-cobra naja, Uadjit, e no outro lado, o oriental, uma igreja dedicada à deusa-garça. Os habitantes de Perouadjet tinham particular medo e devoção à deusa-naja que, como todo ofídio peçonhento, era digno do mais alto respeito.

O primeiro lugar que Zékhen procurou foi o mercado a céu aberto de Perouadjet. Normalmente, nesses lugares sempre existiam umas bancas que vendiam alimentos prontos e, com certa insistência, ele imaginava, seria capaz de arrancar um pouco de comida. Estava famélico, naquele ponto em que já não se diferencia o perigo e em que se corre todos os riscos para encher o estômago.

Entrou no mercado e alguns passantes, horrorizados, afastavam-se de sua triste figura. Magro, sujo e em farrapos, Zékhen fedia como um cão sarnento. Seu olhar demonstrava que o desespero havia tomado conta de sua mente e que, em breve, estaria entrando no perigoso terreno da leviandade para obter o que desejasse.

Após a terceira negativa, Zékhen aproximou-se furtivamente por trás de um vendeiro que assava nacos de carne de carneiro, cujo aroma enchia a praça. Quando o homem descuidou-se, ele atacou veloz e furtou um pedaço de carne, saindo em desabalada carreira, o mais rápido que suas fracas pernas podiam correr, com os gritos do comerciante a persegui-lo. Não foi muito longe e vários braços fortes o agarraram, derribando-o com extremada violência. Em segundos, uma súcia de vagabundos o estava a chutar, esmurrando-o e gritando impropérios de fazer corar de vergonha um barqueiro do Iterou. Sentiu alguns golpes mais fortes na região lombar e no estômago, antes de perder os sentidos.

Acordou com água fria no seu rosto. Estava jogado à sombra de uma casa, com as mãos amarradas e algumas pessoas a fitá-lo. O que jogara a água questionou-o:

– Como é seu nome?

Zékhen teve presença de espírito de dar-lhe o nome falso.

– Sou Uegaf. Sou um monge pedinte.

– Você não passa é de um ladrão barato. Sabe o que fazemos com este tipo de biltre por aqui? Cortamos as mãos. Dessa forma, não roubam mais.

O vitupério soou excessivamente ferino e ele respondeu acremente:

– Não sou um ladrão. Sou um monge do templo Hetbenben. Se roubei é porque estava com fome e ela foi má conselheira. Não sou um ladrão. Leve-me ao templo de Uadjit e poderei provar minha condição de sacerdote.

Zékhen, profundo conhecedor de deuses e costumes, sabia que sua única chance era ser levado à deusa e colocado à prova. Jurar por Uadjit era correr o risco de que, se houvesse perjúrio, teria uma morte lenta e dolorosa com a infiltração do veneno da cobra através de uma picada.

Os homens o levaram, amarrado, escorraçado e brutalizado, até o templo, que não estava muito distante, onde foram atendidos por uma sacerdotisa. Hetepher era morena escura, de idade avançada para a época, tendo mais de cinquenta anos. Os olhos cor de mel mostravam que tinha alguma descendência indo-europeia em seu sangue. Escutou atentamente a história dos guardas, como salvaram Zékhen de ser linchado pela fúria da matula infrene e como o ladrão, pego em flagrante delito, afiançava ser monge do Hetbenben, pleiteando o juramento à deusa Uadjit.

– Tem ideia de como é o juramento? – perguntou Hetepher.

– Sei. É jurar dentro do poço da deusa.

– Sabe que a deusa não perdoa as mentiras? Você é realmente um monge do Hetbenben?

Zékhen olhou para a matrona, cujos traços de beleza ainda não haviam partido, teimando em deixá-la ainda sedutora, e disse-lhe, baixinho:

– Tenho um terrível segredo que só posso dizer aos seus ouvidos. Está diretamente ligado ao benbennet.

A sacerdotisa, ao ouvir a palavra benbennet, ficou curiosa e, dispensando os guardas, ficou a sós com ele.

Zékhen, então, lhe disse:

– Não sou monge do Hetbenben. Fui instruído, todavia, nas lides do templo. Conheço os segredos e estou disposto a compartilhá-los, se assim desejar.

A mulher olhou-o atentamente e disse-lhe, com um olhar jocoso:

– Eu lhe darei a oportunidade de viver e veremos se será agradecido o suficiente para aprendermos juntos muitas coisas. Confie em mim e, haja o que houver, mantenha-se sereno.

Assim dizendo, chamou os guardas e disse-lhes:
– Tragam o prisioneiro para o teste.

Levaram-no para uma sala onde existia um grande balaio. No interior, uma naja descansava. Era imensa, com mais de dois metros, estando toda enrolada sobre si própria. Quando os homens entraram no quarto, ela levantou a cabeça e começou a sibilar. Hetepher olhou para Zékhen e disse-lhe:
– Estenda a sua mão e peça que Uadjit o abençoe.

Zékhen, completamente pávido, esticou o braço, enquanto a cobra aumentava seu sibilar. Num determinado instante, o ofídio deu o bote. Rápida como um raio, a serpente atacou e picou a mão de Zékhen que, com um grito, retirou-a, caindo sobre o chão gelado. Podia-se ver nitidamente a marca dos dois caninos peçonhentos. A sacerdotisa levantou as duas mãos para os céus e exclamou:
– Ele foi abençoado!

Os guardas não entenderam nada. O homem fora mordido e a sacerdotisa gritava que fora abençoado. Imagine, então, como seria ser amaldiçoado, perguntavam-se os homens que o acompanhavam. A sacerdotisa retirou todos da sala e Zékhen, absolutamente lívido, quase desfalecendo de medo, arrastou-se para fora, enquanto um dos guardas, um pouco mais ousado do que os demais, perguntava:
– Grande sacerdotisa, como é que este homem foi abençoado pela deusa, se foi mordido? Ele deverá morrer dentro de meia hora, no máximo.
– Ele foi abençoado, pois a deusa não o mordeu, apenas o beijou. Fiquem aqui e verão que, dentro de meia hora, esse homem estará mais forte do que antes.

Nunca dois quartos de hora demoraram tanto a passar para Zékhen. A cada instante, ele imaginava sentir o princípio de dores que o levariam à agonia final; no entanto, a dor não vinha.

Passado o tempo regulamentar, a sacerdotisa, já incomodada com a espera, declarou que o homem fosse recolhido ao templo para consagração à deusa por sete luas. Os guardas saíram visivelmente apoquentados, já que previam ver uma cena de morte cheia de gritos aterrorizados, estertores magistrais, babugens nojentas e convulsões estentóricas. Entretanto, pensaram os soldados, o maldito ladrão continuava vivo e, agora, ainda por cima, protegido por Uadjit. Final lastimável para mais um dia pachorrento.

Zékhen foi levado pela sacerdotisa a um aposento onde duas núbias, negras magníficas e felinas, altas e escuras como ébano, completamente nuas, retiraram seus andrajos e convidaram-no a um banho para revigorar-se. Zékhen estava tão exausto, machucado e aterrado, que o fato de as duas núbias estarem nuas e, provavelmente, disponíveis, não o excitou. Entrou numa pequena piscina e junto com ele entraram as duas moças que lhe esfregaram esponjas, jogaram óleos especiais e, com uma faca extremamente afiada, cortaram seus cabelos, deixando sua cabeça tonsurada.

Foi gentilmente retirado da água, deitado de costas sobre uma cama e óleos canforados foram esfregados em todo o seu corpo. As moças pensaram suas feridas, especialmente as do rosto. Zékhen, enquanto estava sendo cerimoniosamente preparado pelas mãos habilidosas das duas escravas, recebeu a visita de outra mulher, jovem e bela como a flor da manhã, de cabelo castanho alourado, tez morena clara, trajando um tecido de linho transparente que deixava entrever todas as suas curvas e sedutoras reentrâncias, que lhe trazia algo para beber. Ela levantou sua cabeça e colocou a taça suavemente na boca. Zékhen sentiu o gosto da beberagem, uma mistura de vinhos, ervas e sabe-se lá mais o quê.

A mescla de bebida, massagem e calor do dia fez Zékhen dormir longamente. No outro dia, após quase dezoito horas de sono profundo, foi acordado pela bela mulher que lhe ministrara a bebida medicinal que o entorpecera por tanto tempo. Vestiu-se com uma curta tanga de linho branco, calçou as sandálias que lhe foram dadas e seguiu a morena. Ela andava lentamente, balouçando os quadris de forma provocante e Zékhen, já recuperado, começou a sentir o apetite sexual renovado pela sacerdotisa.

Caminharam por um longo corredor pelo qual Zékhen não se lembrava de ter passado na véspera. Ainda estava muito dolorido das pancadas que levara da malta enfurecida, todavia ou a estranha beberagem ou a sua juventude o tinha recuperado quase completamente. Chegaram a uma sala muito grande, onde a sacerdotisa principal estava comendo frutas, bebendo suco de uva. Havia uma mesa posta separadamente aos seus pés.

– Sente-se e coma lentamente. Pode-se notar que está muito depauperado para comer algo mais sólido – disse a sacerdotisa, após tê-lo cumprimentado e perguntado por sua saúde.

A mesa continha legumes cozidos frios, frutas *in natura* e um copaço com uma bebida doce que, sem dúvida, levara mel.

– Coma e depois irá me contar todas as suas aventuras detalhadamente. Quero conhecê-lo bem, em todos os sentidos.

Zékhen reparou no seu sorriso jocoso o duplo sentido de suas palavras e, num átimo, avaliou que a matrona seria uma boa amante.

Uma coisa, no entanto, remoía a mente de Zékhen: por que não morrera, se fora picado pela naja? Não sonhara. Havia a marca no pulso. A mulher sentou-se perto dele, enquanto comia calmamente suas frutas e legumes. Aproveitou o momento para perguntar-lhe:

– Explique-me como fui mordido e não morri.

A sacerdotisa sorriu e disse-lhe, baixinho, olhando de lado para ver se alguém ouvia:

– Nós temos algumas najas de que nós retiramos o veneno e dele fazemos remédios e beberagens especiais. A peçonha daquela naja em particular tinha sido retirada algumas horas antes. Portanto, não oferecia nenhum perigo.

Zékhen exclamou, agradecido e satisfeito, e tocou no braço da mulher. Esperou que terminasse de comer e levou-o para seus aposentos pessoais.

– Gostaria que fosse honesto comigo. Sou uma mulher de certa idade, tendo visto muita coisa na vida e poderei ajudá-lo muito.

Zékhen olhou-a, muito sério e pensativo. Se falasse a verdade, poderiam aprisioná-lo e obterem resgate ou até vendê-lo ao rei de Perouadjet, que o mataria. Se inventasse mais histórias, corria o risco de se trair, contando bazófias e, aí sim, a mulher teria razão de mandar matá-lo ou entregá-lo nas mãos dos guardas locais. Resolveu falar uma meia verdade, o que não seria tão perigoso nem tão difícil de sustentar.

– Sou o príncipe Uegaf, terceiro filho de Khase, rei de Téni e do Alto Kemet. Fui criado no templo Hetbenben, assim como meus outros dois irmãos. O primeiro foi tragado pelas águas do Iterou, quando era jovem, e o segundo, que será o rei de Téni, é meu irmão mais velho Zékhen.

A mulher olhava-o com espanto. Sua intuição lhe tinha dito que era uma pessoa nobre e importante, mas não sabia que era tão interessante assim. Zékhen, que realmente tinha um irmão adolescente chamado Uegaf, continuou sua exposição.

– Estou de visita secreta pelo Baixo Kemet. Tenho me escondido sob as vestes de um monge mendicante do templo Hetbenben, no entanto as coisas não foram tão boas quanto planejei e, subitamente, me vi sem dinheiro e sem ajuda em terras distantes.

– O que o trouxe para terras tão distantes?

Zékhen, agora personificando o seu irmão mais novo, Uegaf, disse-lhe, rindo, meio acanhado, com uma falsa timidez:

– Saímos, eu e mais dois amigos, em aventura, sem o conhecimento do meu pai. A má sorte nos perseguiu desde o início. Os dois amigos acabaram morrendo em um confronto com bandidos de estrada, e consegui sobreviver não sei como.

Aparentemente a mulher estava aceitando aquelas desculpas. Afinal das contas, sabia que os jovens são dados a farfâncias, o que nem sempre acaba bem. Por outro lado, Zékhen era um belo jovem e ela tinha real interesse por ele.

– O que pretende fazer agora?

Zékhen respondeu, lentamente, como se pensasse em cada palavra:

– Não sei. Almejo retornar a Téni, mas de certa forma tenho receio da reação do meu pai. Gostaria de voltar para casa com algum presente de real valor para aplacar sua indignação, além de dádivas para os pais dos meus amigos que perderam seus filhos e não sabem do fato ainda.

A sacerdotisa olhou-o com interesse e perguntou-lhe:

– O que sabe fazer?

Zékhen olhou-a admirado. Nunca ninguém lhe perguntara o que sabia fazer. Fora treinado para ser rei e isso por si só já era uma profissão. A mais nobre de todas, pensara. Não podia dizer isso à mulher, portanto respondeu entre a indignação de ter sido questionado como se fosse um felá e a raiva de se ver na mão daquela sacerdotisa.

– Sei lá! Sei ler e escrever, fazer cálculos e contabilizar, além de conhecer a posição dos astros e mil outras coisas sobre colheitas e plantações, irrigações, máquinas e ferramentas.

A mulher riu e disse:

– Então, foi preparado para ser rei, pois sabe tudo o que um monarca deve saber.

Zékhen deu um riso amarelo e disse, meio sem jeito:

– Não, o verdadeiro herdeiro do trono é Zékhen, meu irmão.

A sacerdotisa continuou rindo de sua ingenuidade.

– É mais do que claro que seu pai treinou vocês dois para serem reis. Se por acaso um de vocês morrer, o outro poderá sê-lo.

Não é que a mulher tinha razão? Quando voltasse, precisava certificar-se de que seu irmão, o verdadeiro Uegaf, tinha sido treinado ou não nas artes do reinado no templo Hetbenben. Caso tivesse sido preparado, sua vida não valeria um grama de ouro.

– Acho que sei como poderá ganhar sua independência e voltar para Téni com ouro e prata para comprar o que quiser.

Zékhen prestou atenção em duas coisas: independência e riqueza. Será que estava sendo mantido prisioneiro? E dinheiro, isso sempre é bem visto. Continuou olhando para a mulher, como a questioná-la. Ela não se fez de rogada e disse-lhe:

– Nosso escriba morreu há algumas semanas e ninguém sabe manter o controle dos donativos e das oferendas à deusa Uadjit. Se quiser, poderá tornar-se nosso escriba, tendo direito a uma peça em cada vinte.

Zékhen não sabia se explodia de indignação ou ria da proposta. Ele, um príncipe herdeiro, tornar-se um escriba? Era o absurdo dos absurdos! A mulher parece que leu seus pensamentos e, antes que explodisse, falou:

– Sei que é um príncipe, e não vejo desdouro nenhum em ter um trabalho por alguns meses. Melhor do que passar fome e mendigar comida como monge. Além disso, poderá viver aqui no templo, tendo acesso a todas as nossas facilidades e conhecer toda a nobreza de Perouadjet, inclusive o rei, que costuma consultar a nossa mais famosa pitonisa.

Zékhen queria continuar em Perouadjet, conhecer o rei e julgar seu oponente. Teria, pois, que aceitar o trabalho proposto por Hetepher.

– É claro que aceitarei, minha cara. Sua proposta é muito generosa. Aceito de muito bom grado. Será ótimo ficar aqui por um tempo. Quero, no entanto, combinar que contrataremos um outro homem e eu, pessoalmente, o treinarei nas artes sacras da escrita do deus Djhowtey. Desta forma, ele poderá me substituir no dia em que partir. Concorda?

Hetepher estava radiante e aceitou sem pestanejar. Disse-lhe mais:

– Só você e eu podemos saber sua verdadeira identidade. Deverá continuar sendo um monge do Hetbenben, cujo nome era mesmo qual?

– Uegaf – respondeu docemente Zékhen, antevendo situações deliciosas.

Realmente, o jovem logo começou a fazer um inventário de tudo o que existia no templo e descobriu que a deusa Uadjit era muito querida, recebendo presentes até não caber mais nos depósitos. Não levou muito tempo para descobrir que o antigo escriba roubara descaradamente o templo e que, por isso, ao ser descoberto, amanheceu misteriosamente picado por uma naja. Vingança dos deuses, disseram-lhe.

Durante dois dias colocou em ordem todos os presentes, catalogando-os de acordo com o gênero. Conversou com a sacerdotisa sobre vender ou trocar o que não precisassem e, obtendo resposta positiva, passou à ação. Descobriu outra qualidade que não sabia que tinha, tonando-se um excepcional negociador, obtendo resultados fabulosos em poucas semanas.

Além de suas atividades de escriba, Zékhen tornou-se amante de várias belas mulheres do templo, inclusive de Hetepher que, no mesmo dia da conversa, não deixou que o jovem tomasse fôlego. Zékhen estava nas mãos de uma mulher experiente que o conduziria por caminhos nunca dantes trilhados na arte de amar.

A bela morena, Neferter, era a única que não participava dos jogos amorosos. Sua preferência sexual era diferente. Não gostava de homens e estes lhe eram proibidos para não perder os poderes de cura e profecia. Zékhen sabia, entretanto, que uma outra núbia dedicava-lhe especial atenção, massageando-a em todas as suas intimidades, oferecendo-lhe o consolo de jamais poder ser possuída por um homem.

Afora as noites de amores licenciosos e os dias de extenso trabalho de contabilidade, compra e venda de bens, havia alguns momentos de grande interesse político para Zékhen. Não havia um dia em que algum comerciante rico ou um nobre não aparecesse no templo para consultar-se com a pitonisa Neferter.

Zékhen era apresentado por Hetepher como o administrador do templo e, como tal, recebia os presentes e conversava demoradamente com os visitantes, enquanto eles esperavam para serem atendidos pela pitonisa. Memorizava cada rosto, cada frase, cada estilo, antevendo um futuro inimigo ou aliado com quem poderia contar.

O rei veio num dia de dezembro, quando o Iterou já estava secando, após excelente cheia. Zékhen foi apresentado e curvou-se profundamente, seguindo o ritual. O monarca era velho e um pouco obeso e a expressão do seu rosto preocupou Zékhen. Havia muita determinação e uma sagacidade que o deixou ansioso. Sentiu ainda maior poder e determinação no príncipe herdeiro. Seriam, ambos, perigosos adversários que precisavam ser eliminados, no momento azado.

O pai havia lutado durante anos contra o rei de Djedu, tendo finalmente vencido a cruenta guerra. Ele havia, desta forma, unificado todo o Norte, e sua capital Perouadjet havia se tornado poderosa. No entanto, havia sido seriamente ferido num entrevero, tendo levado meses para se restabelecer, e a crueza das campanhas guerreiras havia desgastado seu organismo. Era um homem de quase cinquenta anos, mas parecia ter ultrapassado os oitenta.

O príncipe herdeiro Antef era um jovem de vinte anos, de estatura semelhante à do pai, com uma forte compleição física. Tinha um olhar penetrante, glacial, maligno. Aquele era um homem capaz de tudo. Não se entregaria jamais e estaria sempre à espera de uma oportunidade para soerguer-se e novamente reconquistar o que era seu.

Zékhen recuperou seu peso rapidamente e tornou-se íntimo de alguns serviçais do rei. Passou a ter acesso livre às áreas de serviço onde ia. Preferia, todavia, frequentar a casa do camareiro do rei que era delirantemente louco por Zékhen. Mesmo não sendo um grande adepto do amor entre homens, Zékhen aceitava essa situação, pois ele achava que seu adamado amante, que conhecera no templo, quando fora levar suas homenagens a Uadjit, poderia vir a ser útil em futuro próximo. O camareiro do rei encontrou em Zékhen um ouvinte de todas as malícias e bisbilhotices da corte. Descobriu, pelas maledicências do camareiro, que o rei tivera dois ataques de maus espíritos no peito, tendo-lhe paralisado o braço esquerdo com grandes dores, além de impedir que pudesse se locomover com facilidade. Zékhen interpretou corretamente as informações do camareiro, entendendo que o rei tivera dois derrames.

Zékhen passou anos espionando tudo. Ele tinha franco acesso a todos os lugares por ser do templo. Muitos lhe confidenciavam segredos perigosos a respeito da personalidade de todos. Ele escutava e articulava seus planos de conquista. Relacionava os pontos fracos e fortes e desenvolvia planos para neutralizar as fortalezas. Conhecia o rei e sabia que ele era extremamente bem-dotado em termos de liderança e de comando militar, pois havia contabilizado algumas vitórias extraordinárias. Assim Zékhen concluiu que ele seria o pior inimigo que poderia ter.

O destino foi cruel com o rei, que teve mais um ataque apopléctico e ficou completamente paralisado do lado esquerdo por mais de dezoito meses. Finalmente, ele morreu e o príncipe Antef tornou-se rei do baixo Kemet. Logo após as exéquias, quando o rei Antef assumiu de direito o trono, pois já era governante de fato desde que o pai tivera o último derrame, Zékhen sentiu que houve grandes movimentações de forças militares na cidade. O adamado ex-camareiro do rei informou-lhe que estavam preparando um grande ataque ao Sul e que deveria ocorrer assim que o Iterou voltasse ao seu estado normal. A nili (cheia) estava próxima e não era possível movimentar tanta gente pelas margens do Iterou cheias de lama, atoleiros e animais perigosos.

Zékhen assustou-se com essas informações e planejou sua partida imediatamente. Trocou o que lhe pertencia por ouro, conseguindo mais de oitocentos quilos, o que representava uma fortuna extraordinária. Para transportar tal quantidade de ouro e a si próprio, contratou um barco que o levaria até On e, de lá, pretendia tomar outro transporte até Téni. Achava que era hora de partir.

– Preciso partir para minha casa. Pretendo deixar a cidade amanhã de manhã. Não desejo que fique magoada comigo; sou-lhe inteiramente grato. Estou partindo com o ouro ao qual fiz jus. Espero que me permita partir sem nenhum empecilho.

Hetepher disse-lhe com um olhar triste:

– Meu querido, nada me escapa ao olhar. Recebi informações de que estava trocando bens por ouro e sei que tudo lhe é devido. Eu já estava esperando pela sua partida. Sei que você estava espionando tudo que o novo rei Antef está a fazer. Eu tinha certeza de que você partiria depois da morte do velho rei.

– Mas por que deveria partir depois da morte dele?

– Porque sei que é o príncipe Zékhen de Téni. Sua mentira, dizendo que era Uegaf, foi logo desmascarada por um monge que nos visitou no início de sua estada conosco. Ele me disse que o rei de Téni tinha dois filhos. Uegaf ainda era adolescente e Zékhen, o herdeiro, era homem feito e saíra de casa para espionar o Norte.

– Se sabia, por que não me denunciou?

Hetepher suspirou profundamente e disse:

– Foi meu primeiro impulso. Consultei a pitonisa e a deusa Uadjit disse que você será o flagelo do Kemet. Disseram-me que é inevitável. Por mais ignomínias que fizer, ainda assim sua obra o sucederá. A deusa me disse que o deixasse agir, que nunca faria nada contra as pessoas deste templo, já que na sua insanidade se compraz com o amor que lhe dedicamos.

Zékhen olhou-a e aproximou-se dela, enquanto ela baixou a cabeça, encostando-a no seu peito viril, e disse-lhe:

– Zékhen, Zékhen, você é o homem mais perigoso que conheci. É suficientemente belo para deixar qualquer mulher louca. Sua beleza, entretanto, para no seu corpo. Sua alma ainda não descobriu a fraternidade e a beleza de compartilhar.

Zékhen abraçou-a, já cheio de desejos e não a escutava mais. Ela cedeu porque sabia que seria a última vez que o teria dentro dela. Deixou-se levar pelo impulso e entregou-se sem resistências.

No outro dia, um barco com três barqueiros e quatro guardas destacados por Hetepher escoltaram Zékhen até On, subindo o uadi – o riacho – e, depois, o Iterou. Levaram quatro dias, parando apenas à noite para dormir em pequenos vilarejos. Era maio e precisava apressar-se; a cheia não ia tardar e ficaria preso em On por mais quatro a seis meses, até que o rio voltasse a seu nível normal.

Chegaram a On quase à noite do quarto dia, tempo suficiente para que descarregassem Zékhen, o ouro e fossem embora. Os barqueiros preferiam enfrentar o Iterou à noite a dormir em On, com medo de serem aprisionados pelos sulistas. Zékhen conseguiu alguns carregadores e foi em direção ao templo Hetbenben, onde, finalmente, estaria seguro.

No templo, encontrou seu mestre Haishtef e Nofret. Haishtef assombrou-se de vê-lo chegando com tanto ouro, cabeça tonsurada e dizendo vir de Perouadjet. Imaginara-o em Téni com o pai.

– Não, saí de Téni há mais de seis anos. Estive em Banebdjedet e Perouadjet, conhecendo a força e fraqueza de nossos inimigos.

– O povo do Baixo Kemet não é nosso inimigo, Zékhen. São nossos irmãos. No tempo de Rá e Osíris, eles...

– Lá vem você de novo com suas ideias, Haishtef. Saiba que o povo é conduzido pela elite e essa é minha ferrenha inimiga. Desejo vê-la reduzida a menos do que areia do deserto.

Haishtef notara o ódio nas palavras de Zékhen. "Não adianta discutir com um demônio raivoso", pensou Haishtef. "Com o tempo, entenderá a grande obra dos espíritos divinos."

A discussão foi encerrada com uma voz infantil, que gritou de alegria, atrás deles.

– Zékhen, meu pai, soube que estava aqui e vim logo vê-lo. Como está? De onde veio?

Nârmer tinha crescido e era um belo garoto de doze anos. Seu semblante era incrivelmente parecido com o de Zékhen e ambos assemelhavam-se a Khase.

Zékhen o olhou e o filho correu para seus braços, lançando-se no seu pescoço, abraçando-o efusivamente, beijando-o no rosto e nas duas mãos. Zékhen não pôde deixar de sorrir e abraçar seu filho. Ele era uma tempestade de areia no deserto, com sua alegria contagiante e sua inteligência precoce e viva.

Quando Nârmer era muito pequeno, eles moravam no mesmo palácio. Já quando Zékhen partira para sua viagem ao Norte, Nârmer fora mandado para o Hetbenben para sua educação formal. Zékhen era o espelho de Nârmer. Tudo o que fazia era para ser igual ao seu pai. Queria também fazer, no futuro, uma viagem ao Norte. Agora desejava que o pai lhe contasse, detalhadamente, a sua longa aventura nortista. Foi com grande dificuldade que Zékhen conseguiu convencer o filho a esperar o outro dia, já que estava exausto, anelando por um banho, comida quente e cama fresca e limpa.

* * *

Naquela noite, o guia espiritual de Zékhen conversou longamente com Osíris e mais dois espíritos que estavam preocupados com a situação. O guia espiritual explanava para a pequena assembleia, dizendo:

– Zékhen é um depravado, psicopata, que só tem uma única coisa em sua mente. Deseja unir as Duas Terras, custe o que custar, da forma que for, e tornar-se poderoso. Não é só a riqueza que deseja, mas o poder absoluto.

Osíris tomara conhecimento de todos os atos de Zékhen e disse:

– Conhecemos bem a distorção mental que se afigura em nosso irmão Zékhen. Prevejo atrocidades ainda maiores do que as que já cometeu. Entretanto, qual é a nossa opção?

O grupo observava Osíris, que continuou expondo as ideias.

– Precisamos reunificar o Kemet de forma a criar uma civilização única, bem guardada, que ofereça excelentes possibilidades evolutivas a todos, capelinos e terrestres. Se as Duas Terras continuarem separadas, continuarão a guerrear e isso não é o ideal para a fase final da evolução. O que precisamos é de um lugar seguro para os espíritos que estão prestes a retornar a Ahtilantê. Nos últimos quatrocentos anos, conseguimos evoluir, por meio de diversos renascimentos, apenas dois por cento dos exilados, e estes estão prontos para voltar para Ahtilantê. Isso representa pouco mais de meio milhão de pessoas. Pouquíssimo! Já os demais não progrediram o suficiente para serem repatriados. Deverão permanecer ainda na Terra.

O belo deus do Kemet levanta-se, dirige-se a um painel e, como num passe de mágica, acende o mapa do Oriente próximo.

– Observem o que está acontecendo aqui.

Aponta para a Mesopotâmia; lutas e mais lutas. Osíris mostra outros lugares e em cada um deles é o mesmo quadro: ignomínias, truculência e despotismo.

– O que, então, podemos esperar do Kemet? A mesma situação dos demais locais. E quem é este Zékhen? Um anjo do Senhor? Claro que não. É um alambaque no caminho da redenção. Ou vocês imaginaram que mandaríamos quem? Para uma terra de demônios, enviamos um diabo. Numa terra de desolação, mandamos o flagelo, o látego. Mandamos o azorrague que vergastará as costas dos espíritos indômitos. Zékhen dobrará a cerviz dos arrogantes e será por sua vez também vergado pela própria força que desencadeou.

Os presentes entendiam que para combater um incêndio numa floresta muitas vezes é preciso um fogo ainda maior em sentido contrário. Nem sempre é a água o melhor remédio. Osíris continuou:

– Vejam como age a justiça divina. Misteriosos são os seus caminhos. Vocês se lembram de Aker, o braço-direito de Seth, que, sob a influência do alambaque Garusthê-Etak, atacou-me transformando-me num morto-vivo? Pois Aker foi o rei de Perouadjet, paralisado e petrificado por uma trombose, provocada pelas lutas e ferimentos das inúmeras campanhas.

Todos estavam emocionados. Osíris continuou:

– E quem é Antef, o filho desse homem que ele tanto amou, senão Seth – o assassino de Hórus? Seth, infelizmente, ainda necessitará de outras existências na Terra, antes de voltar a Ahtilantê. Ainda não foi capaz de controlar seus baixos impulsos e aspirar a uma vida mais fraterna e bela. Mas ele se tornará um grande artífice para a reunificação desta grande terra.

Os presentes olharam-no e dirigiu-se ao guia espiritual de Zékhen:
— Sei como é desejar conduzir um ser na senda do bem e vê-lo escapar por entre nossos dedos, como areia. Volto a lembrar aos irmãos, que são guias espirituais, que sua função é orientar e nunca oprimir, obrigar, tiranizar, com o intuito de conduzir ao aprisco seguro. Lembrem-se de que Zékhen é um ex-alambaque e, por isso mesmo, sofre de certas ilusões de grandeza, querendo utilizar os mesmos métodos que usava quando governava suas infernais falanges.

Um dos espíritos presentes, que tinha a função de coordenar o processo de renascimento dos capelinos no Kemet, perguntou a Osíris:
— Mestre Osíris, quem é o espírito de Zékhen?

O deus egípcio respondeu:
— Meu querido amigo, é aquele que perseguiu e matou Osíris. Ele é o alambaque Garusthê-Etak, aquele que foi o artífice da separação do Kemet e agora tenta ser o instrumento de sua reunificação.

Os presentes menearam a cabeça em sinal de assentimento. Realmente, o que se faz, seja correto, seja contrário à Lei, receberemos de uma forma ou de outra, assim como, muitas vezes, é permitido que aquele que destrói possa reconstruir. Era o caso de Garusthê-Etak que, como Zékhen, tentaria desfazer o que fizera de errado há quatrocentos anos.

O espírito que servia de guia espiritual de Zékhen virou-se para Osíris e disse-lhe, preocupado:
— Compreendo as atitudes de Zékhen; entretanto, continuo preocupado com alguns outros defeitos que ele tem. Por exemplo, ele mata as pessoas com uma frieza digna de um psicopata. O que devo fazer?
— Qual é a função de um guia espiritual? Acompanhar, incentivar, aconselhar, proteger e nortear. Em hipótese nenhuma, deve transformar seu protegido num fantoche, num títere. Cada um deve manter sua integridade, sua independência. O guia espiritual não é responsável pelos atos tresloucados de seus pupilos. Aconselho-o a continuar ajudando e não se mortificar com os abusos que venha a cometer. Todo tipo de descomedimento será pago na mesma moeda.

– É muito difícil ver uma pessoa que nós amamos destrambelhar-se e precipitar-se em atos que sabemos que trarão sérios prejuízos à sua evolução espiritual, sem fazer nada. Dá vontade de interferir, de modificar seus atos, de impedir que cometa ainda mais desatinos.

– É verdade, meu caro amigo. Como impedir que cada ser proceda de acordo com sua vontade se tolhermos sua liberdade de ação? Se assim procedêssemos, não seríamos melhores do que os obsessores que desejam tiranizá-los. Estaríamos impondo uma outra forma de ditadura tão perversa em essência quanto à dos espíritos caliginosos.

Osíris manuseou alguns instrumentos e apareceram numa tela tridimensional as várias existências de Garusthê-Etak, após seu aprisionamento e início de tratamento.

– Garusthê-Etak teve cinco renascimentos dificílimos, sendo o primeiro caracterizado por uma catatonia profunda; na segunda vez, veio completamente idiota; na terceira, quarta e quinta oportunidades, renasceu como homem simples, um felá, semiembrutecido, despertando de forma gradual e, finalmente agora, no sexto ensejo, quando até consegue ser razoavelmente normal. Creio que estamos falando de um certo sucesso e de uma vitória lenta e gradativa, considerando-se quem era Garusthê-Etak, em passado remoto.

– Realmente, mestre Osíris, visto por esse ângulo, não se pode negar que houve significativas melhoras. Fico, no entanto, desconcertado com o número de irmãos atrasados e infelizes que Zékhen atrai. Lembro-me, no templo de Uadjit, de que ele e aquelas mulheres viviam rodeados de espíritos que os levavam às piores depravações, convivendo num ambiente de sexualidade exagerada. Por mais que eu tentasse catequizá-los, eles não me escutavam e, quando diminuí meu padrão vibratório para que me vissem, saíram em desabalada carreira, crendo terem visto um fantasma. Imagine que situação estranha! Eu, um fantasma!?

– Realmente, é de assustar os pobres infelizes você chegando assim, de lugar nenhum, 'materializando-se' à sua frente. Não é para menos que saíssem correndo.

Os presentes riram, descontraindo o ambiente. Assim que diminuíram o riso, Osíris retomou a palavra.

– É muito normal que espíritos atrasados frequentem templos à procura de lenitivo e participem de festas, oferendas e até mesmo de orgias, sejam de cunho religioso, sejam de ordem puramente sexual. No Kemet, na cidade de Banebdjedet, o grande bode negro de Banebdjedet, um deus da fertilidade, copula com as sacerdotisas na mais infame zooerastia. O próprio bode muitas vezes é substituído por homens, sacerdotes do culto que, com a intenção de cultuarem o deus de Djebet, praticam o coito com as sacerdotisas nas mais estranhas posições. Todos esses desvios do comportamento são acompanhados e, até mesmo, estimulados por espíritos de baixa estirpe que se comprazem com a animalidade da qual ainda fazem parte.

Os presentes conheciam o fenômeno e Osíris apenas reafirmava que os desvios de comportamento fazem parte da natureza das coisas.

– Por mais incrível que possa parecer, essas atitudes fazem parte da grande obra de Deus. É óbvio que o Senhor não as determinou, nem as ordenou ou incentivou, mas, ao definir que o espírito seria como é, uma centelha do infinito a evoluir da potência ao ato puro, Ele, de certa forma, também estabeleceu os limites para os desvios. Em suma, Ele sabia até onde poderia ir a sua criatura. Sabia que essa alma, fruto do seu inexcedível amor, seria capaz dos atos mais abomináveis possíveis, e não a impede de fazê-los. Apenas, Deus orienta toda sua obra para a perfeição. O mal, a depravação e as ignomínias de suas criaturas acabam por ajudar na perfectibilidade da grande obra.

Os presentes concordaram e Osíris, voltando-se para o guia espiritual, disse-lhe profeticamente:

– Continue seu trabalho junto a Zékhen. Oriente-o sempre para o bem. Leve-o para o caminho correto da fraternidade e da amizade. Prepare-se, no entanto, para as abominações terríveis, para golpes cruentos e pugnas que consumirão vidas e esperanças. Nada que Zékhen venha a fazer será tão terrível como a grande guerra que houve em Ahtilantê, com suas explosões que calcinaram Tchepuat. Nada será tão tenebroso quanto as milhares de guerras que acontecerão neste planeta até que ele se torne fraterno e ofereça oportunidades a todos, ou sucumba sob sangue, fogo e enxofre. Zékhen será apenas um flagelo local que poderá colocar o Kemet num caminho de paz e grandeza. Haverão de vir homens, acompanhados de dragões terrestres e alambaques capelinos, que transformarão os atos desse pequeno rei local em mera brincadeira de criança. Observe bem os que estão em volta, pois, se Zékhen fracassar, deverá ser substituído por alguém à altura. Saiba despertar o que de melhor há em cada um dos participantes. Sozinho, ninguém poderá realizar nada. Procurem fazer equipes de trabalho. Peço, porém, que estejam atentos para vislumbrar pessoas que possam ajudar Zékhen a se aprimorar ou a obter resultados não tão sanguinolentos na unificação do Kemet. Deem apoio à sua família, a seus amigos e irmãos. Zékhen precisa saber unir primeiro o Sul em torno dele, antes de unificar as Duas Terras, sob seu jugo.

Osíris exortou os guias espirituais a continuarem seu trabalho, mesmo em meio a tanta violência e mortandade, voltando à Terra para continuarem a espinhosa missão de reunificar o Kemet. Ele comparou a missão dos guias espirituais à de um homem que cuida de uma pocilga, criando porcos, e que não precisa tornar-se sujo como animal ou imitá-lo em seus movimentos e roncos para conseguir bons resultados. O mesmo deve acontecer com os guias espirituais que chafurdam no lodo da alma impenitente do pecador, não se deixando contaminar pela sua imundície.

Osíris, o coordenador-geral do Kemet, terminou sua alocução:

– É chegada a hora dos grandes combates. Infelizmente a reunificação não se fará sem lutas. É do combate entre o Sul e o Norte que nascerá uma grande nação que será exemplo para o mundo. Oremos para que a vitória tanto de uma parte como da outra seja rápida e as mortes sejam mínimas.

E assim falando, os espíritos presentes se dispersaram, cada um tendo enormes responsabilidades a cumprir.

Capítulo 4

A viagem de volta para Téni, de barca, foi rápida e sem problemas. Nârmer fez absoluta questão de voltar com Zékhen, que acabou cedendo aos caprichos do menino. Os dois, mesmo não tendo muito contato, amavam-se sinceramente. Uegaf já havia terminado sua educação no Hetbenben, tendo partido para Téni há mais de dois anos. Estava sendo treinado para ser o tati de Zékhen.

O rei Khase recebeu Zékhen com extremo desvelo, pois o acreditava morto. Não havia tido notícias do filho há mais de quatro anos. No entanto, as notícias de que o rei Antef podia estar montando um exército para atacar o Sul foram muito mal recebidas tanto pelo pai como pelo tati. Nenhum dos dois acreditava que Antef ou outro qualquer se aventurasse a tanto. Zékhen estava profundamente irritado, especialmente com o tati que, de certa forma, usou de ironia e deboche para com ele.

Khase deu ordem para que se fizesse uma grande festa para comemorar a volta de Zékhen. A festa deu-se cinco dias depois da chegada de Zékhen. Os convidados, mormente os mais próximos de Téni, já estavam na cidade há pelo menos dois dias. Alguns chegaram no dia e uns poucos faltaram por problemas diversos. As festas de Khase eram raras, mas quando aconteciam eram nababescas, para os padrões sulistas. Zékhen logo veria que a diferença entre o Sul e o Norte era basicamente econômica. O Norte era imensamente mais rico e a festa magnífica de Khase não passava de um pequeno evento em comparação às festanças que os nobres do Norte eram capazes de fazer.

Trouxeram carneiros, alguns legumes e, para bebida, uma cerveja muito forte. Havia quantidade; faltava qualidade, variedade e primor na organização. Zékhen, acostumado às festas do Norte, sentiu logo a diferença, mas não comentou nada com ninguém.

Durante as festividades da noite e o almoço do outro dia, Zékhen comportou-se alegremente, comentando suas aventuras com as mais belas mulheres de Banebdjedet e Perouadjet. Os seus ouvintes riram-se a não poder mais, com suas pretensas correrias fugindo de maridos, escondendo-se em jardins, e uma série de invencionices, que fizeram a alegria da festa.

O príncipe voltara mudado, pensaram alguns. Mais alegre e divertido, diferente daquele adolescente simpático, porém enigmático, sempre querendo entender a sistemática das coisas. Pelo menos agora daria um bom rei, bem mais acessível e divertido.

Mais um mês se escoou até que notícias vindas do Norte trouxeram caos e polvorosa a Téni. On fora atacada por uma tropa nortista que destruíra tudo, tocara fogo em toda a cidade, menos no Hetbenben. Essa mesma tropa marchava contra Téni, devendo chegar em menos de dez dias. O rei Khase enlouqueceu quando soube das funestas notícias, porquanto não acreditara que isso fosse possível. Zékhen o alertara para essa possibilidade, mas ele não o levara a sério.

Mandou reunir seu exército e descobrira que tinha duzentos arqueiros e seiscentos soldados aquartelados na região de Téni. Até que mandasse vir suas tropas espalhadas por mais de quatrocentos quilômetros, ele já teria sido morto pelos invasores nortistas. O que fazer? O rei Khase estava completamente ensandecido, não atinando com nenhuma solução. No entanto, o tati sugeriu uma solução que lhe pareceu excelente:

– Meu rei, mande os seus defensores encontrarem-se com as forças nortistas, enquanto sua majestade descerá até Nubt, reunindo sua força principal. De cada hesep, mande vir os guerreiros e depois retomaremos o terreno perdido e atacaremos o Norte.

– Com quem deixarei os meus defensores?

– Deixe-os com o príncipe Zékhen, que é um valoroso comandante de exército. Ele saberá segurar as tropas nortistas por alguns dias, até que sua majestade volte para acudi-lo com força total.

– A ideia é magistral! Chamem Zékhen urgentemente.

Zékhen foi conduzido à presença do monarca, que lhe ordenou que resistisse até a morte. Com isso, teria a oportunidade de reorganizar o exército e voltar armipotente. Zékhen concordou, mesmo sabendo que iria enfrentar forças numericamente maiores.

Khase saiu de Téni, subindo o rio por balsa, para escapar ao cerco dos nortistas, levando consigo família e tesouros.

Zékhen chamou os doze guerreiros, chefes de falanges, e explicou-lhes a situação. Perguntou se existiam outras opções de defesa, se poderiam esperar os nortistas mais acima para evitar que tocassem fogo na cidade. Todos concordaram com o fato de que a situação era insustentável, mas que lutariam até o fim. Zékhen, no entanto, afirmou que, se usassem a astúcia, poderiam estar vivos para ver o outro dia.

Zékhen, com seus guerreiros, desceu de balsa o Iterou até a altura do Uadi El-Tarfa, logo abaixo da insignificante aldeia de Tihna, onde pretendia encontrar e emboscar o inimigo. Quando sua tropa passou por Ouaset, ele mandou um grupo de soldados pedir ajuda, dando a sua posição e avisando aos civis que deviam fugir e se esconder no deserto arábico.

Zékhen chegou com muita antecedência ao campo que escolhera para emboscar os nortistas. Estudou o terreno e, após muito refletir, convocou seus comandantes de falanges.

– Nós não podemos enfrentá-los em campo aberto para uma batalha normal. Temos que usar a tática do chacal: atacar sem que esperem, morder e fugir. Depois, mais adiante, faremos o mesmo de novo. Faremos isso de manhã, de tarde, de noite e de madrugada, em todos os lugares. Na frente, no meio e no fim da coluna.

Alguns dos guerreiros olhavam desdenhosos para Zékhen. Não gostavam de atacar e fugir covardemente. Prefeririam fincar pé e lutar até a morte honrosa.

– Sei que há muitos nobres e valorosos guerreiros que preferem enfrentar o exército do Norte e lutar até o fim. Mas creio que esta não é a melhor opção. Com isso, conseguiríamos detê-los por algumas horas e, no final, seríamos mortos ou feitos prisioneiros, e eles tomariam todo o Sul. Não haveria ninguém para vingar a nossa morte.

Os guerreiros assentiram. Zékhen reuniu seus comandantes e explicou com desenhos e palavras o que pretendia fazer. O ponto escolhido era um terreno plano, com falésias que ficavam a uns quinhentos metros do Iterou. O exército nortista tinha que passar por ali e poderia ser emboscado.

Esperaram quase três dias para que o exército nortista chegasse. Estavam andando lentamente, descuidadamente, abafados pela extrema canícula do Sul. Os homens vinham em total desordem, sem nenhum prumo militar. Era um aglomerado de homens que iam à luta, quase um corpo a corpo, sem ordem e objetivo, a não ser trucidar o adversário.

Quando chegaram a trezentos metros, cento e cinquenta bravos levantaram-se dos seus esconderijos no chão e começaram a gritar. Imediatamente, como um choque elétrico, a vanguarda inimiga, com cerca de dois mil homens, respondeu também gritando. Alguém deu ordem de ataque e os dois mil homens começaram a correr em direção aos defensores sulistas. Esses, por sua vez, deram as costas e começaram a correr em direção oposta aos adversários, indo para as falésias. Quando os nortistas viram que os defensores abandonavam o campo em fuga precipitada, correram, felizes e arrojados, para exterminarem os fugitivos.

A corrida não durou mais do que um minuto e logo os defensores tinham alcançado o pé da falésia, começando a subi-la com dificuldade, já que era íngreme e rochosa. Os atacantes começaram a chegar excessivamente perto e já antegozavam a carnificina que viria. Quando chegaram a menos de vinte metros do topo, cerca de trezentos flecheiros levantaram-se e começaram a zunir suas setas.

Neste ponto, os guerreiros, que haviam atraído os nortistas, transformaram-se em arqueiros. Os primeiros nortistas foram atingidos. Os demais não se deram conta de onde vinham as flechas e não se protegeram. Outros, mais espertos, correram para se esconder, mas, mesmo assim, foram atingidos pela saraivada de projéteis, caindo feridos ou mortos no campo de batalha.

O comandante em chefe das forças atacantes do Norte era Antef, o rei de Perouadjet, que conseguira reunir cerca de seis mil homens que marchavam mal e obedeciam pior ainda. Eram camponeses rudes e insatisfeitos com os nobres e os governantes dos heseps. Não havia uma cadeia de comando, uma estrutura de poder e cada um fazia o que bem queria.

Os primeiros homens que perseguiram os sulistas viram-se emboscados pelos flecheiros de Zékhen. Antef viu, de longe, que poderia mandar uma tropa pelo flanco direito que estava desprotegido. Destacou uns dois mil homens para ir para a falésia, a uma distância de quinhentos metros mais ao Norte, subi-la e flanquear os defensores. Os homens destacados saíram jubilosamente, numa algazarra que acordaria um defunto e dirigiram-se lestamente para o local.

Ora, Zékhen previra que isso fosse acontecer. Tinha destacado cem homens sob o comando de um chefe valoroso e dera-lhe determinações bem específicas.

Os nortistas correram e começaram a subir a falésia num ponto onde havia um aclive mais suave. Era a passagem óbvia, esperada por qualquer um. No momento em que começaram a subir, metade dos arqueiros apareceram no topo e arremessaram suas flechas. Foram várias rodadas de flechadas e, na mesma rapidez com que as lançaram, desapareceram no topo do morro contíguo que margeia de longe o Iterou.

Os atacantes receberam umas trezentas flechas certeiras e voltaram para trás, procurando atingir um local seguro. Nesse momento, pelos dois flancos, vinte e poucos flecheiros levantaram-se do chão, onde estavam escondidos atrás de pequenos arbustos, pedras e matagais, e lançaram suas setas, atingindo o inimigo pelos dois lados. Um clamor de pânico estabeleceu-se nas fileiras nortistas. Crendo estarem sendo atacados pelos dois lados por uma grande quantidade de adversários, saíram correndo de volta para o grosso da tropa.

Nesse momento, a uns dois quilômetros atrás, onde vinha serpenteando a retaguarda, nem tanto para defender a traseira, mas por cansaço, falta de preparo físico e medo, estabeleceu-se uma certa confusão. Setas saídas não se sabe de onde atingiam os homens, que procuraram abrigo atrás de rochas, arbustos e escudos. Mesmo assim, algumas flechas zuniam, atingindo um ou outro, o que produzia ainda mais pânico. Os homens começaram a correr em direção ao centro onde pensaram que estariam mais protegidos. Mas, naquele local, mais de cem homens de Zékhen estavam escondidos, acertando-os por todos os lados.

Em menos de dez minutos, os nortistas tinham perdido centenas de homens, sejam feridos ou mortos por flechadas certeiras. Estavam todos reunidos desordenadamente e balburdiavam, matracando sem parar. Achavam que estavam sob intenso ataque inimigo e que eles estavam por todos os lados. Nunca tinham visto nada parecido. Zékhen, no entanto, ciente de que conseguira uma vitória parcial, chamou sua tropa, indo em direção contrária a Tihna, portanto no sentido inesperado, reuniu seus flecheiros e escondeu-se atrás de dunas do deserto arábico.

Antef, após uma dúzia de gritos de comando, conseguiu colocar sua tropa em ordem. Tendo observado à distância, ele pôde relatar sucintamente à sua tropa o que acontecera. Não era uma tropa regular, e sim alguns arqueiros que os tinham emboscado. Bastava irem juntos, agrupados, na direção da falésia, que poderiam facilmente apanhá-los.

O grosso do exército dirigiu-se, agora, com extrema cautela, para as falésias. Era uma onda compacta de cinco mil homens que se escondiam atrás de escudos, uns dos outros, e andavam ariscos. Antef ficara a duzentos metros atrás dos atacantes e junto com sua comitiva olhava atentamente para o alto das falésias.

Até aquele momento, seiscentos e cinquenta homens tinham entrado em ação para derrubar perto de mil. Zékhen saíra de Téni com oitocentos homens, faltando, destarte, cento e cinquenta guerreiros que deveriam estar em algum lugar. E estavam, atrás dos guerreiros nortistas, enfiados entre as canas do Iterou, nas suas margens, com dez embarcações escondidas a esperá-los.

A ideia de Zékhen era de que, no momento de distração, aqueles cento e cinquenta arqueiros, escondidos nas margens do Iterou, pudessem lançar suas setas e atingir algumas centenas de homens. A sorte, esse elemento desconcertante da existência humana, que costuma entrar em ação nas horas mais inesperadas, seja ausentando-se, seja pronunciando-se a favor de alguém ou algo, sorriu para Zékhen.

Quando os arqueiros que estavam acoitados às margens do Iterou viram o grosso da tropa nortista afastar-se em direção à falésia que se encontrava a menos de mil e seiscentos metros, saíram lentamente de seus esconderijos e os seguiram. Antes de andarem trezentos metros, viram uma porção de tropa, algo como uns mil homens, parados, olhando para a tropa atacante que se afastava cuidadosamente. Estavam de costas para o rio e não notaram a aproximação dos flecheiros de Zékhen que chegaram a menos de trinta metros e, dirigindo suas setas para cima, soltaram a primeira rodada.

As flechas volitaram para cima e desceram assobiando sobre os guerreiros que estavam parados, olhando os demais se afastarem. De chofre, tombaram mais de setenta, espalhando um certo susto entre a soldadesca. Os que não caíram na primeira rodada, esperaram retesados a segunda, que não tardou, levando mais medo aos vivos. Essa situação durou menos de quinze segundos, quando a terceira rodada de flechas começou a cair. Alguém, então, gritou:

– Mataram o rei! Mataram o rei!

Lá estava Antef com uma flecha encravada no braço, ajoelhado, curvado sobre si, num gemido de intolerável dor, misto de ódio e humilhação.

A gritaria na retaguarda chamou a atenção dos atacantes, que estacaram, assustados, crendo que, agora, o ataque viria por detrás. Nada é mais assustador do que o momento que antecede a batalha, especialmente quando o inimigo ainda está escondido. Eles olharam para trás e viram, a cerca de quatrocentos metros de onde estavam, uma pequena tropa atirando flechas e recuando em direção ao Iterou. Por outro lado, viram que um grupo de seu próprio exército vinha correndo e gritando na direção deles, enquanto que um outro agrupamento começava a atacar os flecheiros.

A cena era nítida. O grosso do exército nada pôde fazer. Em questão de minutos, os atacantes tinham entrado em botes, afastando-se o suficiente no rio para não serem seguidos e desciam em direção ao norte, na correnteza natural do Iterou, fugindo dos nortistas.

Toda essa barafunda de ataques e de movimentos desordenados de tropa não passara de quarenta minutos. Nesse tempo, os nortistas tinham perdido, seja por ferimento ou morte, pouco mais de mil homens e não tinham conseguido atingir, nem sequer ver direito, nenhum sulista. Antef, sentindo fortes dores, ficou caído no chão, enquanto um suposto médico arrancava a flecha do braço esquerdo e o enfaixava.

O segundo em comando era um nobre pouco afeito a combates e, crendo-se em desvantagem, deu ordem de retirada imediata, largando no campo os feridos graves e os mortos. Antef estava tão aturdido com a dor e a surpresa do ataque, que não se deu conta de que estavam retrocedendo. Só tomaria consciência dois dias mais tarde, quando já estaria em pleno delta, a caminho de casa.

Zékhen, ao ver que sua tropa não era mais perseguida no deserto, subiu ao norte, em direção oposta a Tihna, e encontrou-se com seus arqueiros que tinham fugido de barco, na mesma direção. Juntando seus oitocentos arqueiros, no encontro do Iterou com Uadi El-Tarfa, um rio da região, Zékhen fez uma avaliação do dia. Mesmo na confusão que reina numa batalha campal, dera para ver que atingira muitos nortistas e, mais importante, os desorientara. Não sabia que Antef estava ferido e que, naquele momento, os nortistas estavam em retirada.

Um pouco antes de a noite cair, ele observou que os nortistas estavam voltando para a sua terra. Ele deduziu que seu golpe fora mais forte do que ele mesmo previra. Sua tática fora feita de improviso, pois não tinha muitos homens. Se tivesse, teria enfrentado o exército nortista em campo aberto. No entanto, ele iria extrair grande proveito desta súbita vitória na qual nem mesmo ele acreditava.

Zékhen queria dar um último golpe no inimigo para que ele não mudasse de ideia. Achou que um ataque na aurora infundiria medo e desconforto, trazendo mais pânico entre os nortistas. Dividiu seus homens em três grupos de aproximadamente duzentos e cinquenta soldados e arquitetou um ataque em três frentes. Aproveitando que havia um homem com um corno, uma espécie de trompa primitiva, deu como ordem de ataque simultâneo o som langoroso. Seriam dois tipos de toque, um longo para atacar e o segundo, alguns minutos depois, com três silvos curtos, para recuar.

A madrugada já ia alta e os homens de Zékhen aproximavam-se dos acampamentos iluminados pelos lumes. Não podia ser mais propício. As fogueiras, sem sentinelas, projetavam sua luz bruxuleante sobre os corpos adormecidos. Isso permitiu que os arqueiros se aproximassem o máximo possível, chegando a menos de trinta metros. Os kemetenses daquela época, como não tinham cachorros, confundindo-os com chacais, não tinham ninguém para dar o alarme.

Um som longínquo, bastante audível para quem estava acordado, soou e, antes mesmo que terminasse de ecoar no vale, setas sibilantes voavam de encontro a corpos desacordados. As primeiras setas, ao entrarem nas carnes nortistas, provocaram gritos de dor, medo e raiva, despertando todo o acampamento. Até que desperte por inteiro, a pessoa fica ainda por alguns segundos desorientada, tempo suficiente para ser flechada e morta.

A correria no acampamento fez-se desenfreada. Alguns lugares dentro do vasto bivaque não estavam sob ataque direto. Mesmo assim, acordaram devido à intensa gritaria das demais áreas que estavam. Nessa altura dos eventos, não sabiam se corriam para acudir ou ficavam quietos, esperando um ataque a qualquer minuto. Essa indecisão facilitou a fuga dos atacantes. Um segundo silvo de corno, seguido de mais dois, foi o aviso combinado para a retirada. Zékhen, prudentemente, não queria expor sua tropa a mais do que um a dois minutos de ataque. Temia que as tropas tivessem um entrevero, em que o número superior de nortistas seria decisivo. A tropa retirou-se enquanto o sol ainda estava se levantando. Entre o ataque e a retirada, os atacantes tinham lançado mais de três mil e seiscentas flechas, atingindo pouco menos de dois mil homens.

Não há nada que desmoralize mais um exército do que ver centenas de feridos e não ter sequer colocado a mão num oponente. Havia um misto de raiva, angústia, frustração, decepção e medo entre os homens. Alguns, os mais aguerridos, queriam continuar, indo até Téni, e destruí-la. Outros, a grande maioria, preferia retornar ao Norte e esquecer aquela malfadada aventura. Venceu a maioria. O que era para ser uma retirada tornou-se uma debandada, com os nortistas voltando para o delta apressados, largando tudo o que fosse pesado, como bons armamentos de madeira, cobre e osso.

Zékhen não podia perseguir uma tropa tão numerosa e resolveu enviar pequenas patrulhas para seguir o exército nortista em debandada, assegurando-se de que não voltariam, enquanto ele e o grosso de sua tropa voltavam para Téni.

Zékhen foi recebido como o grande herói e o seu pai ficou alegre com tudo o que acontecera. Ele aproveitou para exortar o pai a montar um grande exército de cinco mil homens e atacar o Norte o mais rápido possível. No entanto, o tati foi contra, afirmando que não haveria nova investida do Norte contra o Sul depois da vitória retumbante. Zékhen, que não era néscio, sabia que aquela vitória fora uma surpresa total. Alguns meses depois, receberia informações de seus espiões de que Antef havia sido ferido na batalha e, por isso, o Norte perdera o comando no momento decisivo. Um golpe de sorte que poderia não acontecer novamente.

Khase sempre estivera sob a influência de seu tati e acabou concordando com ele, concluindo que o perigo passara, e os planos de Zékhen de montar um exército ficaram abandonados temporariamente.

Antef sempre fora um homem voluntarioso, tendo sido mimado pelo seu pai. Ele fora uma criança rebelde que entrava e saía do palácio, levando sua guarda pessoal ao paroxismo do desespero. Certa feita, ele se feriu fora do palácio e o rei mandou chicotear sua aia por ter sido desleixada.

Antef, ao se tornar adulto, era mulherengo, tendo uma série de mulheres no seu harém, com as quais mantinha as mais elaboradas fantasias sexuais. Era debochado e sempre atraía espíritos tenebrosos para perto de si. Vivia num ambiente deletério e se deixava influenciar por ele.

Enquanto o pai estivera vivo, ele sempre se comportou de forma a não sofrer reproches, sendo fortemente influenciado pelo espírito conquistador e indômito do rei, que desejava ser o unificador das Duas Terras, não o conseguindo apenas porque a luta entre os dois reinos do delta consumiu sua energia de forma completa. Com a doença e morte do pai, Antef imediatamente pôs em marcha a ideia paterna, que era a sua também, de dominar o Sul, mesmo sabendo que era uma faixa de terra sem grande valor. Contudo, havia nele uma ideia fixa de dominação, uma tentativa de ser maior do que um certo rei Osíris que dominara o Kemet há mais de trezentos anos.

Sua derrota em tentar destruir o Sul trouxe-lhe amargos dissabores. O braço esquerdo jamais seria o mesmo, movimentando-se com dificuldade. Por outro lado, ele teve que enfrentar duas revoltas. A de Djedu foi a pior, tendo sido articulada pelos descendentes do deposto rei do reino oriental. Ele levou quase três anos para debelar a crise e, quando achou que podia sair vitorioso, a cidade de Zau também revoltou-se.

Antef levou mais dois anos para vencer os revoltosos. Deste modo, somente depois de cinco anos pôde novamente pensar em atacar o Sul. Seus espiões informavam que o rei Khase não estava montando nenhum grande exército, preferindo as diversões amenas do seu harém às campanhas guerreiras. Mas seus espiões nada relatavam a respeito de Zékhen, apelidado de Téfen pelos seus comandados. Ele ganhara este cognome que significava escorpião, pois, como aquele inseto, ele soubera inocular poderoso veneno na retarguarda de suas tropas na batalha de Tihna. Com o passar do tempo, ele se tornara cada vez mais orgulhoso de usar o nome Téfen, que também significava o chefe dos escorpiões do deus Rá.

Oito anos se passaram morosamente. O rei Khase, cada vez mais indolente, administrava seu reino de modo displicente. Zékhen atingira os trinta e quatro anos. Nârmer, com dezesseis anos, estava para casar, tendo procrastinado ao máximo, já que achava a noiva, sua meia-irmã, feia como um chacal.

Zékhen, cada dia que passava, tornava-se mais iracundo, esperando impacientemente que o pai morresse ou que lhe delegasse a administração do reino. Sua mente só tinha um pensamento: tomar o poder e unificar o Kemet. Enquanto aguardava impacientemente que o pai morresse, as revoltas aconteciam no Norte.

Zékhen seguia os eventos, indócil e ansioso por intervir. Porém, Khase não desejava conquistar o Norte. Já alguns dos governadores hesepianos mais jovens achavam que seria uma bela aventura, mas não desejavam ceder homens, dinheiro e armas para Zékhen.

O príncipe previu que, dentro de alguns meses, os combatentes do Norte estariam cansados e o Iterou encheria mais uma vez, tornando os combates impossíveis de serem travados. De forma que teria pouco tempo para se preparar. Precisava dar andamento a algum tipo de plano. No entanto, Antef, sem saber, iria ajudá-lo.

O rei Antef, quando atacara o Sul, destruíra a cidade de On, poupando o templo Hetbenben. Havia uma distorção mental em Antef, pois ele abominava o ritual que o rei do Sul realizava ao personificar o deus Rá, mas, no fundo, ele é que desejava ardentemente fazê-lo, sonhando com o fato de forma recorrente. Antef, em sua loucura, sabendo da data do evento e não tendo forças suficientes para uma ofensiva, instruiu alguns de seus homens para urdirem um ataque de surpresa.

Os seus quarenta homens subiram o rio em botes e chegaram à reconstruída cidade de On, junto com os peregrinos que enchiam a cidade para as grandes festas do benben e do deus Rá. Enquanto isso, duas a três semanas antes das cheias do Iterou, o rei e seus principais governadores hesepianos iam até o Hetbenben rezar e entoar preces. Nessa cerimônia, Khase vestia-se de Rá e clamava que o rio fosse dadivoso. Todos os presentes faziam oferendas aos deuses Ptah, Rá, Nekhbet, Neferter, Djhowtey e vários outros.

Antef havia articulado com sua pequena tropa que chegasse em pequenos grupos, escondendo as armas, dando a impressão de serem romeiros em peregrinação ao Hetbenben. Zékhen chegou com grande pompa, junto com o rei, o tati, alguns governadores, familiares importantes, tanto seus como dos nobres, e o adolescente Nârmer.

No dia marcado para a grande cerimônia, ao meio-dia, quando Aton, o sol, estava no seu zênite, a praça que ficava em frente ao templo estava cheia e todos os nobres estavam no interior do templo. Nesse momento, uma procissão comandada por Khase, seus ministros e nobres hesepianos adiantou-se em direção ao público. A algazarra era ensurdecedora. Nessa hora, era comum que houvesse manifestações espirituais, com incorporações, profecias e grupos de sacerdotes que estrebuchavam, alguns caindo no chão, outros apenas agitando os braços. Em suma, era o ápice da festa, quando Rá, em seus paramentos, saía do mundo inferior e em sua barca ascendia aos altos reinos.

Quando Khase levantou os dois braços em direção a Aton, uma saraivada de flechas, certeiramente arremessadas, atingiu o rei, os nobres, o tati e outros filhos de nobres. Zékhen, que estava um pouco mais para trás, com presença de espírito, puxou Nârmer para trás de uma das grossas pilastras do templo, sacou de sua espada e, olhando para o filho, disse-lhe:

– Proteja-se.

Nârmer ficou estarrecido, arriado atrás de uma coluna, vendo as flechas atingirem os presentes, enquanto a multidão, aturdida, pávida, lívida, via – olhando sem crer – guerreiros misturados com o público que arremessavam flechas e dardos sibilantes, que cortavam o ar, indo se cravar no peito, pernas e cabeça dos nobres e dos sacerdotes.

Subitamente, alguns segundos após Khase ter sido atingido por uma dúzia de flechas, caindo imediatamente morto, e outras flechas e dardos estarem a caminho de outros alvos, a multidão debandou. Com gritos espavoridos, a plateia, que fora para assistir a um belo ritual, viu-se prisioneira de um ato de barbárie. Os poucos que ficaram na praça estavam paralisados de medo e também viram-se alvos de espadas que dilaceravam carnes, de machados que separavam membros e de clavas que quebravam braços e pernas. Muitos dos atacantes gritavam, a mando de Antef:

– Perouadjet. Vida longa a Perouadjet.

Em poucos minutos, o reino de Khase e sua comitiva estavam reduzidos a cadáveres jogados no chão do templo. Zékhen reuniu sua pequena guarda pessoal e, dando a volta no templo, apareceu e atacou os soldados nortistas infiltrados na multidão. Conseguiu atingir alguns, mas a maioria fugiu em direção ao rio. Zékhen estava atordoado. Não acreditava no que acontecera. Quem seria o herege que teria a coragem de denegrir a imagem do grande Rá?

Ele agarrou um dos soldados nortistas que estava mortalmente ferido e arrancou o nome do mandante à base de algumas fortes pancadas na boca do infeliz. Ele confessou que fora Antef. Nesta hora, Zékhen se arrependeu de não tê-lo matado quando viveu em Perouadjet disfarçado de Uegaf.

Zékhen anunciou em todos os cantos do Alto Kemet que seu pai, Khase, fora morto por tropas de Perouadjet, que, além de tudo, haviam tentado saquear o Hetbenben, desejando destruir a pedra benben, e que, graças à eficiência da reação de Zékhen, fora salva. Afirmou ainda que essa afronta deveria ser paga com sangue e que os homens aptos deveriam unir-se na guerra santa contra o Norte.

Zékhen, o novo rei, soube inflamar o pobre felá, aquele que só tem a fé como esperança, e alistou mais de seis mil homens, um grande exército para aquela época. Zékhen conseguira seu intento por vias tortuosas. Os sulistas estavam motivados para atacar o Norte devido à afronta religiosa que tinha sido praticada.

O Alto Iterou tinha pouco mais de duzentos e cinquenta mil habitantes, dos quais cento e dez mil homens aptos. Retirando os muito jovens e os velhos demais para o combate, sobravam pouco mais de quinze mil homens. Ou seja, recrutara quase a metade dos homens disponíveis. Era uma preocupação a mais para Zékhen, que era responsável pela alimentação do reino. Se tirasse homens em excesso não existiriam pessoas para plantar e colher, o que seria um desastre.

Já no Norte, havia dois anos que as várias facções haviam parado de combater entre si. Durante as cheias do Iterou, houve tentativas de tomarem os fortins e as praças fortes, mas os combates só faziam sangrar as reservas humanas e alimentares dos nortistas. Tinham se enfraquecido, a ponto de seus campos não estarem cultivados, o que significava que, em breve, as reservas de grãos seriam insuficientes.

Zékhen juntou seu exército em On, duas semanas depois de o Iterou ter-se esvaziado e a lama ter endurecido. Queria atacar inicialmente Perouadjet, mas seu irmão, Uegaf, sugeriu que atacasse

Zau, vindo por Qatta e Terenouti. Deveria fortalecer-se em Zau para lançar um ataque contra Perouadjet. Zékhen aparentemente concordou. Uegaf era melhor estrategista do que Zékhen. Os dois poderiam se complementar, com Uegaf traçando os objetivos, os tempos e providenciando os meios; e, Zékhen, orientando seus homens nas batalhas. Mas nem sempre o que é óbvio o é na hora, só parecendo ser muito tempo depois, quando já é tarde demais para ser útil.

O jovem Nârmer iria participar de sua primeira campanha militar, tendo sido fartamente treinado nas artes guerreiras. Ele tinha dezesseis anos, mas já alcançara o seu tamanho definitivo, sendo alto para os padrões de então, esbelto e musculoso. Seu olhar era severo, sendo calado e tranquilo. Era, no entanto, profundamente sagaz, inteligente e tinha uma memória incomparável.

Zékhen cruzou o Iterou na altura de On e desceu com seus homens até Qatta. Não houve resistência. O exército dormiu em acampamentos improvisados – a maioria, ao relento –, enquanto os nobres e chefes dormiram nas casas dos ricos que foram logo subjugados. Qatta não era capital de hesep e seus ricos não passavam de operários e comerciantes, havendo poucos latifundiários. O exército saiu de madrugada, atravessou um braço do Iterou e caiu sobre Terenouti, no final de dois dias de marchas.

Terenouti tinha sido grande há quatrocentos anos. Agora, tratava-se de uma cidade em declínio. Não houve grandes resistências. A guarda do templo de Hórus, o Velho, tentou reagir e foi dominada em poucos minutos de conflito. Uns vinte guerreiros de Terenouti morreram e somente um atacante foi levemente ferido. O soldado ferido retirou-se do combate exultante, porque, com um pequeno ferimento, receberia o dobro do soldo prometido aos demais. Zékhen gostava de incentivar a sua tropa com motivação santa e prêmios materiais. Gostava de dizer que os homens lutavam melhor quando pugnavam pelos deuses e também forravam os sacos com tinintes ouros.

Em Terenouti, Zékhen acreditou que poderia ter uma rápida vitória contra Perouadjet. Seus informantes lhe disseram que aquela cidade ainda estava em pé de guerra contra Zau e Djedu, o que não era verdade. Se atacasse logo Perouadjet, poderia conseguir uma vitória maiúscula. Uegaf foi contra. Os dois irmãos discutiram e Uegaf foi voto vencido. A tropa, portanto, contornou Zau, deixando-a para outra ocasião e dirigiu-se para Perouadjet.

Os inimigos são adversários enquanto não aparece outro mais poderoso e que lhes seja comum. Quando isso acontece, unem-se. Quando Zékhen entrou em Terenouti, os espiões de Perouadjet e Zau alertaram as duas cidades e, mais tarde, alertaram Djedu, Tjel e Banebdjedet. Quando Zékhen passou ao largo de Zau e dirigiu-se para Perouadjet, os antigos querelantes já tinham cessado suas diferenças e uniram-se em mortal aliança contra o invasor do Sul.

Antef sabia que tinha três mil homens aptos para lutar contra Zékhen. Soubera, por seus espiões, que o maldito Téfen, como era chamado Zékhen, tinha muito mais homens do que ele. Obviamente os espiões não sabiam contar e era difícil saber de quantas pessoas era constituído um exército; porém, pela descrição de colunas de homens que serpenteavam até o horizonte, o nobre soube que perderia a batalha se fosse enfrentar Zékhen em Perouadjet.

Antef retirou seus homens, dois dias antes de o atacante chegar e deixou a cidade entregue às mulheres e aos velhos. Enquanto isso, deslocou-se em direção ao Oeste, cruzou o Iterou, contornou o exército de Zékhen e uniu suas forças com Zau, que fora deixada livre.

Zékhen chegou a Perouadjet no meio da tarde, imaginando que a surpreenderia em sua modorra devido à estafante canícula. À medida que se aproximava, um pequeno cortejo vinha se aproximando dele, até que, a menos de cem metros, estancou. Era suficientemente perto para que Zékhen reconhecesse os paramentos da deusa-naja Uadjit, e ainda muito viva, um pouco mais velha, Hetepher. Zékhen deu ordem para que sua tropa parasse e, junto com Uegaf e Nârmer e mais dois guardas, dirigiu-se para falar com sua velha amiga.

Haviam se passado quase nove anos e a mulher mudara sensivelmente. Estava gorda e disforme. Seu rosto ainda mantinha um viço e uma indelével beleza.

Zékhen sorriu para a sacerdotisa e disse-lhe:

– Bela Hetepher, será que meus olhos me enganam ou ainda mantém a eterna beleza?

A mulher sorriu e disse-lhe, bastante alto para que todos soubessem que não desejava manter intimidades com aquele homem, preferindo tratar do assunto de forma séria:

– Grande rei Zékhen, soube que seu pai foi brutalmente atacado e que a culpa recaiu sobre a cidade de Perouadjet. Verdade ou mentira, só a grande deusa Uadjit poderá dizer.

– Onde estão os homens de Perouadjet? Por que Antef não está aqui para enfrentar-me?

Hetepher disse-lhe, sempre em tom jocoso, como era seu costume:

– Fugiram espavoridos. Deixaram Perouadjet à sua mercê. Espero que a trate com respeito, porquanto só existem velhos e mulheres.

Zékhen estava irritado com a situação. Esperava enfrentar o inimigo e destruí-lo completamente. Queria aproveitar-se da fraqueza e não postergar o embate até que ele se enfraquecesse e o adversário estivesse fortalecido com alianças entre as várias cidades do Norte. Entretanto, fora recebido por uma comitiva de paz da deusa Uadjit e os homens, supersticiosos como são, acreditavam ser de muita má sorte atacar uma cidade desprotegida que estivesse sob a proteção da grande deusa.

Zékhen sabia que tinha as mãos atadas e que não seria agora que poderia definir a campanha no Norte. Mais uma vez, Uegaf tinha razão quando lhe dissera que uma papa de cevada come-se pela beirada. Fora precipitado, querendo resolver tudo na primeira tacada e indo ao cerne da questão. Perdera a oportunidade de infligir uma derrota aos descuidados de Zau e possibilitou que os homens de Perouadjet fugissem para enfrentá-lo algum outro dia.

— Respeitarei a cidade de Perouadjet, se me der guarida, pousada e alimentação para todos nós. Não deverá existir um só ataque dos habitantes de Perouadjet contra os soldados; senão, minha represália será total.

— Pouso pede, pouso terá. No entanto, que nenhum de seus soldados tome nada que não lhe seja oferecido, desde uma simples fruta até o amor de uma mulher. Que tudo que tomar à força seja amaldiçoado pela deusa Uadjit.

— Que assim seja! — Zékhen falou solenemente, para que todos os seus soldados soubessem do juramento e da maldição que cairia sobre aquele que ousasse tomar algo que não lhe fosse oferecido de bom grado.

O exército de Zékhen entrou em Perouadjet e, durante o restante da tarde, houve uma desordem generalizada, cada um procurando uma casa para abrigar-se e se alimentar. No final da noite, as casas de Perouadjet estavam hospedando os invasores, contra a vontade de seus habitantes.

Zékhen, Uegaf e Nârmer e mais alguns dos seus chefes guerreiros hospedaram-se no templo de Uadjit, convidados por Hetepher. A velha sacerdotisa sorriu amavelmente para Uegaf, lembrando-se de que Zékhen usara o nome do irmão indevidamente. Sua impressão sobre o jovem tati foi a melhor possível. No entanto, quando conheceu Nârmer, sentiu um calafrio. "Esse jovem devia estar acompanhado de algum poderoso deus ou terrível demônio", pensou Hetepher.

Jantaram frugalmente, pois estavam cansados da longa jornada. Uegaf e Nârmer deitaram-se cedo, já que estava previsto que sairiam aos primeiros raios do sol para atacar Zau. Zékhen ficou conversando um pouco mais com Hetepher.

Tudo poderia correr bem se não fosse a bebida aliada à concupiscência. Mentuhotep, um dos chefes de falange, escolhera, por acaso, a residência de um pequeno nobre, que o recebera contrariado. O jantar foi servido com tudo que qualquer um da casa iria comer, portanto, trataram-no como um igual. O chefe da casa tinha uma esposa madura e uma filha que mal completara os doze anos, apresentando-se ainda de forma infantil e doce. Mentuhotep, ao vê-la, achou-a bela e desejável e, devido ao fato de estar na casa alheia e de todos terem feito o juramento de que não tocariam em nada que não fosse dado de bom grado, tirou a mocinha da cabeça.

Durante o jantar, Mentuhotep e seu colega de armas beberam além da conta. Jamais tinham provado um vinho tão gostoso e suave como aquele. O que é doce sobe rápido à cabeça e, antes mesmo de terminarem o jantar, já estavam em adiantado estado etílico, tendo-se tornado inconvenientes. O chefe da casa cuidadosamente retirara as mulheres da sala, sabendo que sexo e bebida eram uma mistura perigosa. Terminaram o jantar de forma precária, exigindo ainda mais vinho e tâmaras para adoçarem a boca.

Terminado o jantar, todos se recolheram a seus aposentos e Mentuhotep, sob intensa e nefasta influência espiritual de um abominável espírito obsessor que privava de sua intimidade, procurou pela doce adolescente, encontrando-a nua, junto com outras irmãs. Mentuhotep entrou nos aposentos como se fosse um alucinado, atacando a mocinha, que incontinenti reagiu e gritou apavorada. Suas outras irmãs, mais jovens, correram do quarto, alertando toda a casa. O chefe da família veio de espada em punho defender a honra de sua filha.

Mentuhotep era enormemente mais forte do que a menina e, nos poucos segundos que dispôs, subjugou-a com um soco que a desacordou e a penetrou com força e brutalidade. O pai, ao chegar, deparou-se com a cena do homem deitado sobre a menina que parecia morta. O pai não teve dúvidas. Cego de ódio cravou a espada nas costas do estuprador, que, à medida que a lâmina fina entrava mortalmente, urrou de forma assombrosa.

O grito foi ouvido pelo colega que, bêbedo, acudiu. Chegou em tempo de ver seu amigo nos estertores da morte, enquanto o pai de família estava com a espada ensanguentada na mão. Sua primeira impressão, já que não vira a moça desfalecida sob o corpanzil de Mentuhotep, fora que esse tinha sido atacado covardemente e que ele seria o próximo. O pai, estressado pela situação, virou-se para o amigo de Mentuhotep, aparentemente com ar belicoso, mas, na realidade, com olhar ensandecido. O poltrão imaginou que o homem iria atacá-lo e, tomado do mais frenético pavor, saiu gritando, indo parar na rua.

– Acudam, mataram Mentuhotep. Socorro. Querem matar-me. Acudam-me. Acudam-me.

Como um rastilho de pólvora, a notícia espalhou-se pela cidade e alguns mais exaltados atacaram a casa que abrigara Mentuhotep, matando o pai de família, assim como os outros integrantes do lar. Ora, a guerra tem a propriedade de despertar o que existe de pior nas pessoas. Todos os guerreiros, especialmente os chefes de falanges, treinados por Zékhen, devotando-lhe um fanatismo manifesto e alimentando um enorme desejo de enriquecimento que lhes fora proposto pelo líder, por meio da pilhagem e posse ilícita de terras, bens e escravos, tinham ficado frustrados por não terem derrotado o exército de Perouadjet. Quando souberam da morte de um dos guerreiros, especialmente por que a versão falava em traição, tornaram-se verdadeiras bestas, partindo para uma carnificina abominável.

Em poucos minutos, como uma descarga elétrica no ar, os soldados, sobretudo os chefes de falange, começaram a exterminar sistematicamente, casa por casa, as famílias de Perouadjet.

Alguns servos correram para o templo para prevenir Hetepher de que os soldados estavam destruindo Perouadjet e acordaram a sacerdotisa que, imediatamente, procurou Zékhen, que dormia profundamente. O monarca acordou de péssimo humor e enxotou Hetepher com palavras duras e voltou a dormir, já que, além de extenuado por um dia de andanças, estava levemente embriagado. Hetepher, junto com Neferter, procurou Uegaf, já que era, para todos os efeitos, o segundo em comando, acordando-o. Explicaram em poucas palavras o que estava sucedendo. Uegaf saiu em desabalada carreira, seminu, com uma espada na mão, para evitar o morticínio.

Uegaf chamou seus dois guardas pessoais e começou a gritar para que todos parassem de cometer a chacina. Durante mais de vinte minutos, correu entre as casas, chamando os soldados, sendo, na maioria das vezes, atendido. Uegaf era respeitado pelos homens, mas muitos, no calor da sanha assassina, lhe desobedeceram e, num caso ou dois, Uegaf foi obrigado a usar de força para impedir que o massacre continuasse. Após cerca de meia hora de esforços, uma quantidade muito grande de casas estava em chamas, pois onde ocorreram crimes e saques, os soldados desenfreados atearam fogo, de forma a esconder os sinais de sua vilania.

Hetepher e Neferter saíram do templo, de forma imprudente, e começaram a gritar para os soldados pararem com a mortandade. Numa das casas onde entraram, um dos soldados, no escuro, não reconheceu a sacerdotisa e cravou-lhe uma lança. Neferter, que vinha logo atrás, gritou para o homem que aquela era Hetepher, sacerdotisa de Uadjit. O grito ecoou tarde demais. A lança penetrou com facilidade o estômago, vindo a sair nas costas. O atacante, quando soube quem era, saiu correndo com medo da maldição da deusa Uadjit. Hetepher caiu ainda viva no chão e, nos braços de Neferter, disse suas últimas palavras.

– Neferter, vingue-me, vingue a deusa. O culpado disso tudo é Zékhen. Vingue-se em Zékhen. Vingue Perouadjet.

Assim dizendo, a mulher morreu. Neferter ficou incumbida de vingá-la.

Uegaf ajudou a apagar os incêndios antes que se propagasse demais. Estimou-se que o total de pessoas de Perouadjet mortas na chacina passou dos três mil e quinhentos.

Zékhen, quando acordou no outro dia, ficou inicialmente consternado. Logo depois, reanimou-se, dizendo que esse era o preço da guerra. Colocou seu exército em movimento, não sem antes tirar o máximo possível de víveres, armas e utensílios de cobre para transformar futuramente em armas. Saiu de Perouadjet com a consciência tranquila, pensando que, se os deuses não quisessem, o massacre não teria acontecido.

A notícia do massacre de Perouadjet chegou rapidamente a Zau. Um dos escravos saiu para alertar seu mestre, que fora com os homens de Perouadjet para Zau, que sua casa, mulher e filhos já não existiam mais. Naturalmente, o servo não contou que menos de dez por cento das casas haviam sido atacadas. O que reportou, com todos os exageros, deixou a população de Zau em polvorosa e os exércitos conjuntos das duas cidades ainda mais preparados para enfrentar uma horda de bárbaros.

Zékhen e seus homens levaram dois dias inteiros para chegar perto de Zau. A cidade ainda estava longe e a claridade estava chegando ao fim. A batalha teria que ficar para o outro dia. Em Zau, estavam reunidos cinco mil soldados de Perouadjet e da própria capital do hesep. O medo de ter sua cidade incendiada fizera com que mais dois mil homens, sem experiência em armas, mas adestrados em arco e flecha, estivessem disponíveis.

Acharam por bem tentar deter as forças de Zékhen longe de Zau, numa espécie de planície, flanqueada por pequena área pantanosa. Na beira dos pântanos que ladeavam um dos flancos, ficaria cerca de mil arqueiros civis que atirariam suas setas ao comando de um guerreiro.

A manhã nasceu preguiçosa com o sol de inverno saindo tarde e a frescura matinal sendo agravada por um forte nevoeiro. O exército de Zékhen já estava pronto, mesmo antes da aurora, e as forças defensoras tinham se movimentado no início da noite, em plena escuridão, para suas posições. Zékhen não sabia que teria que enfrentar os defensores de Zau a tão longa distância de sua cidade. Achava que estariam postados perto da entrada ou, na melhor das hipóteses, totalmente desprevenidos e não ofereceriam resistência.

A luta foi terrível de parte a parte. Os sulistas, sob o comando de Zékhen, eram uma massa de desordeiros que atacava os nortistas. Antef, por sua vez, também atacava e recuava, de acordo com o fluxo e refluxo dos combates. Eles não tinham ordem unida nem comando firme. Era uma batalha de desgaste.

Após três horas de impasse, Nârmer, que ficara para trás, comandando um grupo de soldados de Ouaset, resolveu, desobedecendo as ordens paternas, atacar o flanco desguarnecido de Antef.

A fileira marchou e flanqueou os defensores, mastigando-os com se fossem feitos do mais frágil papiro. Gradativamente, de forma ordeira, sob o comando seguro de Nârmer, a tropa de elite estraçalhou as últimas linhas da defesa zauita. Aos poucos, os defensores observaram aterrorizados que uma tropa, constituída de homens fortes, atarracados e corpulentos vinha, ordeiramente, esfacelando os seus melhores guerreiros. Isso derrubou seu moral de uma forma total. Muitos começaram a correr em direção à cidade, trazendo pânico aos demais resistentes no campo. Como se comandado por uma única voz, os defensores largaram suas armas e correram como nunca tinham feito antes. Abandonaram o campo de luta.

Para Zékhen, a batalha de Zau fora ganha. Seu custo, no entanto, fora alto para os sulistas. Mais de mil homens estavam ou mortos ou feridos a ponto de não poderem mais lutar. Zékhen foi ovacionado e Nârmer foi severamente repreendido pelo pai e, ao mesmo tempo, ovacionado por ele, seu tio Uegaf e os demais homens. Ele estava feliz como um menino pequeno que ganha um brinquedo, pois todos sabiam que havia sido aquele movimento impetuoso de flanquear o inimigo que vencera o combate.

A batalha não estava de todo terminada. Era pouco mais de meio-dia, com os homens esfomeados, quando Zékhen entrou em Zau para ver que ainda teria um dia cheio. Os zauitas acreditavam que Zékhen iria saquear a cidade, matando todos e espoliando-os. Recobrando-se da derrota nas planícies de Zau, ajudados por velhos, mulheres e crianças, além de escravos e servos, os zauitas continuaram a lutar dentro da cidade, seja jogando pedras com fundas, seja usando o arco e flecha, seja jogando dos telhados água e azeite quente nos atacantes.

Com isso, os atacantes tiveram que ganhar cada casa, cada beco, cada rua, numa luta que se prolongou por toda a tarde, penetrando pela noite e extenuando completamente os atacantes. Três horas depois que o sol se pusera, Zékhen deu ordem para que as tropas se concentrassem numa parte da cidade que já havia sido conquistada, onde descansariam, lançando no outro dia um ataque final.

Aquela trégua nos combates foi suficiente para que os habitantes de Zau abandonassem a cidade, carregando tudo o que podiam e tocando fogo em suas casas. Perto de meia-noite, Zau ardia em chamas, que avançavam em direção à parte conquistada por Zékhen. Em breve, tudo, até mesmo o refúgio de Zékhen, estaria envolto pelo fogo. Finalmente, às duas da manhã, sem ter tido descanso ou um prato de comida, os atacantes sulistas saíram de Zau, que desaparecia sob um incontrolável incêndio.

A cidade viria a ser reconstruída, tornando-se bem mais tarde capital do Kemet; porém, naquela noite, tornara-se uma sucursal do inferno, com labaredas de até trinta metros de altura que mataram mais de duzentos soldados que se viram prisioneiros das labaredas.

Zékhen retirou-se da cidade em chamas e aquartelou-se nas imediações, enquanto a população fugia em direção a Djedu. De manhã, os incêndios ainda grassavam fortemente pela cidade e colunas de fumaça escureciam o horizonte. De vez em quando, o vento mudava de direção, espalhando fuligem e sufocando os sulistas. Não podiam ficar abrigados em Zau.

Zékhen deu um conjunto de ordens e, cinco minutos depois, as colunas se movimentaram para se localizar a cinco quilômetros de Zau, longe da fuligem que sujava tudo, das cinzas que ardiam a vista e do calor que enfraquecia os homens.

Descansaram por dois dias, distribuídos em três vilarejos da região. A maioria dos habitantes havia fugido. Os que permaneceram – os mais pobres e mais velhos – tiveram que cozinhar para a tropa. Os jovens estavam indo se reunir em Djedu com as forças que tinham escapado de Zau. Banebdjedet estava enviando cerca de dois mil guerreiros, além de quatrocentos arqueiros, homens um pouco velhos para o combate corpo a corpo, porém excelentes para atirar setas certeiras. Tjel, mesmo estando longe, tinha concentrando em Djedu oitocentos arqueiros e dois mil guerreiros. Em suma, o Norte estava reunindo à frente da antiga capital de Osíris cerca de oito mil guerreiros, incluindo arqueiros e lançadores de fundas. O Sul tinha um número bem menor de guerreiros. Seria uma batalha gigantesca para a época, a maior que jamais acontecera na Terra até tal data.

No fim do segundo dia, Uegaf sentiu que, se ficassem muito tempo aquartelados, estariam em difícil situação, permitindo que o inimigo se reagrupasse, se fortalecesse e até os atacasse de surpresa. Deste modo, alertou o rei, que concordou com seu irmão e tati. Decidiram que partiriam assim que o sol nascesse.

Nârmer não gostara da forma como lutaram na primeira batalha. Achou que foram dispersivos, desobedientes e lutavam como se estivessem numa taberna. Conversou com o pai e o tio, que o olharam surpresos, já que nunca imaginaram que poderia ser de outra forma. Quando o príncipe lhes dissera que poderiam atacar em colunas, linhas e falanges, o rei e o tati ficaram atônitos.

– Será que daria tempo de organizar isso desta forma, agora que estamos em guerra? – perguntou Zékhen.

– Não creio, meu pai. Lembra-se daquela tropa que comandei? Zékhen meneou afirmativamente a cabeça.

– Eles já têm esse sentido de se agruparem quase inato. Bastaria treinar um pouco mais e os outros os imitariam.

– A ideia é boa. Creio que não daria tempo de organizarmos tudo isso agora. Seria melhor deixar para outra oportunidade.

Nârmer sabia quando devia parar. Zékhen fora categórico. Preferia pensar em outras coisas naquele momento. Havia marcado um encontro com seus chefes guerreiros e pretendia instruí-los sobre os próximos movimentos. Nârmer havia chegado antes para conversar sobre ordem unida, divisão em esquadras com especialidades e assim por diante, típico da sua mente organizadora e coordenadora. Já a mente de Zékhen não era necessariamente a de um militar, e sim a de alguém que deseja o poder para dele usufruir ao máximo, esquecendo que, para conquistá-lo e mantê-lo, é preciso organização e disciplina.

No outro dia, para regozijo da população, os sulistas de Zékhen partiam em direção a Djedu, que ficava a cerca de cinquenta quilômetros. Numa marcha forçada, poderiam chegar em doze horas, mas Zékhen fizera as contas para chegarem próximo a Djedu e ali acamparem até investigar as forças defensivas. Não queria cair numa esparrela como em Zau, nem que a população se revoltasse, incendiando Djedu. Afinal das contas, desejava ser rei de uma nação e não de uma imensa queimada.

A coluna esfomeada estacionou às sete horas da noite, sem luz, a apenas cinco quilômetros da antiga capital de Osíris. Ela ficava numa pequena colina, de tal forma que as enchentes não a alcançariam. Zékhen dormiu ao relento, com a cabeça no chão duro, sentindo uma nevralgia muito forte num dos maxilares. Havia recebido um golpe: uma telha de barro arremessada por um servo de um telhado lhe atingira um dos maxilares, quebrando-lhe um dente e fazendo inchar-lhe o rosto. O dia de andanças ao sol não lhe fizera nada bem, criando um abscesso que doía e latejava horrivelmente.

O sol nasceu e, aos poucos, à medida que a luz tomava conta do ambiente, puderam ver que a cidade tinha se preparado. Como ficava numa elevação do terreno, tinham cavado em volta da cidade, em certos trechos, uma trincheira. No topo da íngreme colina de doze metros, haviam enfiado umas estacas, formando um paredão alto de dois a três metros, de forma irregular. Esses lugares apresentavam algumas brechas de três a quatro metros, de onde os nortistas pretendiam defender o perímetro. Em alguns outros lugares, onde o acesso para a colina era mais suave, permitindo uma carga dos atacantes, havia uma maciça concentração de defensores.

Zékhen, esfomeado, com dores, de péssimo humor, ansioso por acabar com toda aquela batalha, inspecionou de longe e decidiu que deveriam atacar onde as tropas eram mais numerosas. Pelo seu raciocínio, de nada adiantava atacar onde existiam as estacas, pois o espaço era pequeno, o aclive pronunciado e a quantidade de guerreiros difícil de ser vencida. Sem dúvida, nesse ponto Zékhen tinha razão. Além dos guerreiros que protegiam as passagens sobre as paliçadas, os arqueiros receberiam os atacantes com setas, pedras e óleo quente.

O local onde a colina era mais suave, permitindo um assalto de maior envergadura, era defendido por mais de dois mil homens com lanças, machados, clavas e espadas. A maioria dos defensores de Djedu estava aparentemente concentrada mais à frente. Zékhen olhou bem o sítio e colocou seus homens em posição.

Eram quase nove horas da manhã e ninguém havia comido nada. Muitos homens estavam com sede; não tinham conseguido beber água potável. Zékhen sentira medo, depois da batalha de Zau, de que seu sonho pudesse não se realizar. Em momento algum temia a batalha ou o inimigo. Normalmente, era destemido, totalmente irresponsável e de uma audácia inconsequente. Acreditava, de forma quase juvenil, que era um ser imbatível, imortal e destinado a grandes conquistas. Imaginava que sua coragem faria seu nome ficar indelével na história do mundo.

Zékhen Téfen, como gostava de ser conhecido, lançou seu ataque de forma magistral. Os sulistas lançaram-se numa corrida que logo fez as linhas desaparecerem. Quando os atacantes sulistas alcançaram uns postes que estavam fincados no chão com pequenas bandeirolas brancas, foram atingidos por uma saraivada de setas, pedras e dardos. A vanguarda estremeceu sob o impacto dos projéteis e os que não foram atingidos estacaram subitamente. Os que vinham atrás, como uma massa compacta, tropeçaram nos corpos caídos e chocaram-se com os que pararam subitamente. Uma nova saraivada choveu sobre os atacantes, que se viram presos entre avançar sob uma chuva de projéteis mortíferos ou recuar. Aquela posição intermediária era insustentável. Zékhen, que não se dava por vencido, bramiu como um possesso e, com vitupérios e palavras de exaltação, fez a carga retomar seu perdido elã.

A batalha foi renhida. A cada carga inútil contra a paliçada, o ânimo dos atacantes arrefecia, enquanto que o dos defensores crescia. A batalha prosseguiu com entreveros, choques e massacres. Num dado instante, Zékhen e Uegaf lançaram-se em conjunto contra os inimigos. Acreditavam que poderiam furar o bloqueio e penetrar a paliçada. No entanto, os defensores saíram das laterais das paliçadas e cercaram as tropas de Zékhen e Uegaf e começaram um sistemático trabalho de destruição.

Uegaf foi atingido por uma flecha que penetrou seu pescoço, cortando-lhe a jugular. Ele caiu, esguichando sangue para todos os lados, estrebuchando horrorosamente, entrando em estado de choque e morrendo alguns minutos depois, exangue.

Nârmer, a cerca de mil metros atrás, viu quando as tropas adversárias saíram pelas laterais das paliçadas e cercaram Zékhen. Deu ordens para que seus ouasetianos avançassem e, em poucos minutos, estavam engajados numa luta feroz para salvar Zékhen e seus bravos da morte certa. Quando o rei e seus guerreiros viram que Nârmer chegara com os ouasetianos, revigoraram-se. O inimigo, agora por sua vez flanqueado, tomou-se de susto e muitos abandonaram a luta. Nârmer, numa manobra rápida, usando seus lanceiros em formação compacta, livrou Zékhen e seus soldados do movimento de pinça a que tinham sido submetidos.

A batalha tinha sido um desastre. Não durara mais do que meia hora. Ambos os lados tinham tido pesadas perdas. O Sul embrenhara-se num combate que facilitara de sobejo os defensores e só não tinha sido totalmente dizimado graças ao movimento rápido de Nârmer e seus ouasetianos. Por outro lado, Zékhen demonstrara mais uma vez ser um bravo guerreiro, porém um tático pobre.

Zékhen, ao se ver livre, desejou ir embora do local, dando a batalha como ganha. Nârmer, chamando-o de lado, disse-lhe, em tom duro, severo mesmo:

– Pai, se fugir do campo de batalha, ninguém o seguirá numa próxima. Além disso, nós não podemos dar as costas; em breve, eles estariam nos perseguindo. Não se esqueça de que estamos em terras inimigas.

Zékhen olhou para o filho. Já não era o menino que o adorava. Era um homem de posições duras e concretas. Ele tinha razão. Era preciso fazer algo, mas o quê? Não queria atacar novamente aquela brecha propositalmente deixada na tosca paliçada.

– E o que você sugere? – sua voz beirava a histeria.

Nârmer já tinha pensado num plano alternativo. Vira como o pai se precipitara em atacar uma praça fortificada e, durante os minutos em que estivera aguardando para entrar em combate, pensara numa alternativa.

– Toque fogo na cidade!

– Como? – espantou-se Zékhen.

– É isso mesmo. Vamos jogar flechas incendiárias nas paliçadas de madeira e nas casas mais próximas. Ou eles sairão para nos enfrentar em campo aberto ou recuarão para dentro da cidade, à procura de abrigo contra o fogo e a fumaça. Desse modo, poderemos entrar e incendiar toda a cidade. Será uma lástima incendiar Djedu, no entanto poderemos reconstruí-la depois.

Zékhen não tinha certeza se aquele plano funcionaria. Na dúvida e no estado de espírito combalido em que estava, preferiu seguir o conselho do filho, que parecia tão seguro de si.

– Que seja. Toque fogo em tudo!

Nârmer, imediatamente, chamou os arqueiros, juntando-os em três grandes falanges. Reuniu na frente dos arqueiros todos os lanceiros ou homens que portavam machados, clavas e lançadores de dardos. Deu ordens aos espadachins para ficarem uns duzentos metros atrás, no flanco direito e no esquerdo. Foram feitas vinte e oito fogueiras, espalhadas pelo campo, ao lado dos arqueiros, e as ordens foram dadas. Os arqueiros deviam envolver suas flechas com pedaços de linho e tocar fogo no linho amarrado às setas, arremessando-as nas paliçadas e nas primeiras casas que estavam visíveis. Para tal, deviam aproximar-se uns vinte metros da paliçada e os lanceiros deveriam protegê-los tanto de ataques diretos como de flechas atiradas.

Durante alguns poucos minutos, os arqueiros lançaram suas setas incendiárias contra as casas próximas da paliçada e contra ela própria. A paliçada levou mais tempo para incendiar, já que era de madeira compacta e ainda verde. As casas eram toscos casebres com coberturas de madeira e palha que incendiavam rapidamente. Aos poucos, a fumaça foi tomando conta do lugar, tornando-o insuportável. O ar estava irrespirável e os defensores só tinham uma opção, sair para atacar os arqueiros, já que os seus próprios flecheiros não estavam conseguindo atingi-los.

O corpo inerte de Uegaf foi levado para trás das linhas. Nârmer pranteou rapidamente o tio, pois, logo depois, fora alertado por um chefe de falange que os nortistas estavam se agrupando para um ataque e que tudo indicava que viriam pela mesma colina suave que servira de atrativo para Zékhen. Nârmer, rapidamente, chamou todos os arqueiros e viu que a maioria tinha entre duas e seis setas. Mandou que as poupassem, colocando-se nos flancos da colina, enquanto os lanceiros ficariam no centro. Os ouasetianos foram colocados na ala direita. Era ideia de Nârmer que, enquanto a batalha principal fosse travada no pé da suave colina, a tropa de elite entraria sorrateiramente na cidade, atacando-a por um dos flancos desguarnecidos. Nârmer havia colocado os guerreiros naquele lado, visto que nesse lugar as brechas na paliçada eram maiores e o incêndio grassava com menor intensidade, facilitando a passagem.

Zékhen estava desanimado, com um corte feio no braço, que tinha sido pensado, mas de onde o sangue teimava em escorrer. Deixara nas mãos do filho a condução da batalha e estava apático, cabisbaixo e com uma expressão de dor estampada no rosto. Os demais guerreiros estavam ocupados demais, obedecendo a Nârmer que, calmamente, dava as ordens e mostrava os lugares que desejava que fossem ocupados. Poucos notaram o abatimento de Zékhen.

Os nortistas saíram da paliçada e correram vociferando, sacudindo as armas em tom ameaçador. Nârmer gritou para os doze chefes que esperassem sua ordem. Quando quase todos os guerreiros atacantes já estavam descendo a colina, numa algazarra estrepitosa, o jovem príncipe levantou os dois braços e os deixou cair simultaneamente.

Nesse instante, de forma um pouco atabalhoada, porém eficaz, os flecheiros postados nos flancos lançaram suas setas. Foi uma granizada de flechas, dardos e pedras lançadas por fundas que atingiram o inimigo, fazendo a sua destrambelhada carga afrouxar-se.

Alguns homens mais poltrões, intimidados com a saraivada de setas e pedras, paravam de correr, agachavam-se e, colocando a cabeça entre as pernas, chorando de medo e desespero, esperavam pelos mortíferos projéteis. Outros, mais valentes, continuavam sua corrida para parar, espetados, trespassados e perfurados, com suas carnes rasgadas e diláceradas pelos lanceiros e homens com machados e clavas, que os aguardavam numa linha compacta no sopé da colina. Os menos afoitos giravam sobre os calcanhares, procurando a segurança da cidade. Muitos foram feridos nas costas pelas flechas sulistas.

Os ouasetianos moveram-se rápidos. Entraram na cidade por uma brecha na paliçada em fogo, atingiram as ruas internas até encontrarem a avenida mais larga que Khons projetara para Osíris e, em momentos, estavam atacando o coração de Djedu. Para defender o ataque dos ouasetianos, havia uma dúzia de civis, que foram ceifados; seguindo ordens de Nârmer, os guerreiros procuraram pelos nobres da cidade.

Nesse ínterim, os nortistas estavam sendo dizimados pelos arqueiros e lanceiros de Nârmer. Um dos destacamentos, tendo sido avisado de que os ouasetianos penetraram a cidade, retrocedeu e foi dar combate aos invasores. Os dois grupos, mais de trezentos homens de cada lado, encontraram-se perto da praça central, onde existira o grande mercado de Osíris, e travaram encarniçada pugna. Foi um combate memorável. Os braços fortes dos guerreiros subiam e desciam, manejando a espada e a lança com rara destreza.

Em menos de dez minutos, os ouasetianos eram os donos do campo de batalha. Venceram a última resistência de Djedu e estavam prontos para dominar a antiga capital do Norte. Nesse ínterim, os últimos defensores de Djedu iam chocar-se com a muralha de lanceiros e portadores de machados e clavas, sendo dilacerados e não oferecendo mais resistência aos atacantes.

Zékhen acreditava que os defensores iriam entrincheirar-se na cidade, obrigando que cada casa, cada rua e cada palmo de chão fossem duramente conquistados, como acontecera em Zau, para no final obrigá-los a sair da cidade sob intensas labaredas e flamas infernais. Não queria aventurar-se sem que sua guarda ouasetiana pudesse antes, com certeza, afirmar que não haveria mais obstáculos à sua conquista.

Com essa medida cautelosa, as forças de Zékhen entraram, finalmente, na cidade de Djedu, quase ao anoitecer. A tropa não comia desde a véspera e precipitou-se, cidade adentro, atrás de alimentação farta e uma cama para o merecido repouso. Contudo, a excessiva demora em entrar em Djedu permitiu que os habitantes saíssem da cidade, tomando embarcações que cruzaram o rio, colocando-se a salvo no outro lado do Iterou. Por sua vez, muitas casas de ricos e nobres foram pilhadas pelos próprios servos em debandada que, vendo a propriedade sem dono, aproveitaram para se vingar de todas as vilanias a que foram submetidos naqueles anos de servidão.

Quando os soldados entraram na cidade, viram cenas de desolação, com casas pilhadas, dispensas arruinadas, comida que não pudera ser transportada jogada no chão com ratazanas a atacá-la e muito pouca comida disponível. A fama de que Zékhen era um destruidor de cidades, estuprador de mulheres, seviciador contumaz e déspota cruel fizera com que as pessoas fugissem dele, preferindo destruir ou inutilizar seu patrimônio para que não pudesse ser tomado pelos seus sequazes.

 Zékhen não era tolo. Sua primeira experiência fora parcialmente desastrosa e sabia do fato. Aprendera que um exército era diferente de um bando de assaltantes, mesmo que em certas ocasiões os guerreiros pudessem se assemelhar a verdadeiros bandidos. Era fundamental que pudesse reunir um grupo forte que recebesse treinamento adequado. Seu filho adolescente Nârmer conseguira bons resultados, fazendo a guarda ouasetiana andar em formação cerrada, atassalhando tudo o que estivesse à sua frente, com suas lanças. Era preciso se organizar melhor.

 Outro ensinamento foi o de que seria necessário ter um plano traçado com antecedência. Deveria ter atacado Zau, antes de ir a Perouadjet. Deveria ter perseguido, nos calcanhares, os zauitas e não permitir que tivessem tempo para se organizar em Djedu. Por outro lado, não deviam viver da terra. Era preciso que trouxessem comida, roupas e armas sobressalentes. Os arqueiros estavam sem uma flecha sequer. Muitos lanceiros perderam suas lanças no fragor da batalha; outros as quebraram, quando furaram corpos de nortistas. Tudo era uma grande desorganização. Não havia sequer homens versados na arte de curar e o seu próprio ferimento doía, latejando horrivelmente.

 Nârmer, mesmo sem que Zékhen o dissesse, tinha feito uma avaliação similar e orava para que o pai ordenasse uma retirada antes que estivessem em pior situação. O exército que saíra do Sul estava reduzido a menos de três mil homens capazes para nova luta. Os nortistas, agora sob o impacto da provável tirania de um déspota, preferiam lutar até a morte a se entregar. Os chefes nortistas contavam vilanias inacreditáveis sobre as tropas sulistas, exatamente para que seus soldados não se entregassem, lutando até o fim de suas forças.

 No decorrer da noite, Zékhen sentiu que devia partir para On, para poder se municiar de flechas, armas e, principalmente, comida. A maioria das tropas estava exausta e com fome. Não havia local onde se abrigar. Era preciso retroceder até On, cidade favorável a eles. Ele confabulou com seus principais chefes e concluíram que deviam partir. A expedição punitiva havia sido concluída com razoável êxito.

Naquela noite, após as deliberações, Nârmer encontrou um canto para dormir e teve um tenebroso pesadelo. Ele se viu mais velho, mais forte e mais alto, quase um gigante. Era prisioneiro de três homens que o esfaqueavam impiedosamente. Gritava impropérios, para logo depois pedir clemência. Tinha os olhos vazados e as mãos praticamente decepadas, de tanta pancada que havia recebido. Os homens gargalhavam e ele, amarrado, impotente, demorava a morrer. As dores eram excruciantes e ele sentia imensa vontade de viver. Ele não podia morrer agora. De repente, Nârmer acordou aos gritos. "Que pesadelo estranho e perturbador!" Teria que falar com Haishtef sobre isso, pois somente ele, como alto sacerdote do Hetbenben, poderia decifrá-lo.

Quando o sol raiou, as ordens para a partida foram dadas e o exército de Zékhen começou a marchar de volta para casa. Quando saíram do Norte quase não tinham o que comer. Estavam esfomeados e muitos homens do exército debandavam para caçar. Outros, com medo de serem atacados pelos nortistas, continuaram agrupados e com fome. Quando chegaram a On, puderam alimentar-se convenientemente. Alguns tinham passado até quatro dias sem colocar um prato de sopa rala na boca. Estavam fracos e deprimidos.

Em On, os felás puderam descansar alguns dias e comer. Cada grupo, assim que se sentiu mais forte, partiu para seu recanto natal. O exército de Zékhen estava sendo dissolvido.

Nârmer contou, com riqueza de detalhes, o sonho que teve e Haishtef escutou, anotou tudo mentalmente e disse que consultaria os oráculos sobre esse pesadelo que ele achava que poderia ser premonitório, exigindo, portanto, cuidado extremo.

O rio encheu e a paz, provisoriamente, foi informalmente decretada. Não havia como guerrear com água até a cabeça. Zékhen, no entanto, não perdeu a vontade de conquistar o Norte. Pelo contrário, ele considerava que aquela fora apenas uma excursão punitiva e que o Norte já conhecia o poder do rei-escorpião.

A vida arrastou-se durante os meses da enchente e do início da plantação. Nârmer fora procurar o pai, que o atendeu. Não o via há dois meses. Estava mais gordo e modificado. Suas faces estavam mais rosadas e uma pequena pança mostrava que tinha abusado dos prazeres da mesa. "Gato gordo não caça rato", pensou Nârmer, preocupado.

– Peço-lhe que me perdoe a intrusão. Gostaria de saber o que pretende fazer assim que terminar o plantio. Vamos reunir novamente nossas forças militares e atacar o Norte?

– Sim, sem dúvida. Acho, no entanto, que devíamos criar uma milícia permanente, treiná-la, alimentá-la e assim teríamos um exército adequado. O que acha, Nârmer?

Nârmer sorriu. Agora o pai falava como um sábio, pois essa era sua ideia desde o início. Sempre fora contra retirar os felás do campo, colocá-los para marchar e lutar. Embora aguerridos, os camponeses não eram tecnicamente preparados. Queria uma tropa permanente, diferente dos guardas, cuja função era proteger os locais públicos, as autoridades e os cidadãos de bem.

– Sua ideia é excelente, meu rei.

A voz de Nârmer era cristalina e alta. Outras pessoas o escutavam e sua opinião, cada vez mais, tornava-se importante. Sua fama de ter salvo a batalha em duas oportunidades deixava até o pai enciumado.

– Ótimo, então teremos que preparar essa tropa.

– Excelente! Para quando deveremos convocar estes homens, meu pai?

– Organize tudo. Quero que você seja meu general em chefe.

Nârmer não podia estar mais feliz. O pai reconhecia nele um organizador estrategista. Sim, ele não decepcionaria o pai de forma alguma.

Os meses que se seguiram foram de intensa atividade. Nârmer e algumas vezes Zékhen iam até os heseps, conversavam com os governadores para que lhes fornecessem homens fortes para serem treinados no primeiro exército regular do Kemet.

Estranha situação em que um rei tinha que mendigar aos seus próprios nobres por algo que, em tese, era dele. No entanto, não era bem assim. Os tempos faraônicos não haviam sido instalados. Com a guerra civil provocada por Seth, cada hesep se tornara independente. Se Khase fora o rei, fora-o apenas pró-forma, pois de fato havia um senhor feudal para cada hesep, e o rei não mandava, mendigava.

Zékhen abominava esse sistema, mas sabia que não era suficientemente forte para derrubá-lo. Nârmer tinha dificuldades em conseguir os homens que solicitava, pois só lhe davam velhos, aleijados e idiotas. Nârmer era diferente do pai, que logo mostrava seu mau humor, tendo acessos de raiva que não levavam a nada. Nârmer tentava ser político; no entanto, se funcionava com alguns poucos, com a maioria não produzia os efeitos desejados.

– Não iremos conseguir um exército com a escória que temos. Temos de convencer os nobres a nos fornecer os homens de que precisamos.

– Será que não veem que, se Antef nos atacar e nos vencer, eles perderão suas regalias? Será que não entendem isto?

Nârmer, um jovem de vinte anos, que passara os últimos três anos lutando contra a mentalidade tacanha dos governadores dos heseps, respondeu, com ar cansado, após uma malsucedida viagem a Khmounou, onde o nobre local lhe dera doze homens, sendo dois cegos, um idiota e o restante, aleijados de nascença.

– Eles acham que a milícia local os protegerá dos ataques traiçoeiros de Antef.

Zékhen teve mais um ataque de cólera e lançou seu copo de cerveja quente e amarga a considerável distância. E, após blasfemar por alguns longos segundos, falou, com amargura:

– Eles terão que obedecer, seja por bem, seja por mal.

Nessa hora, Nârmer, sentiu medo, pois conhecia a iracunda atitude do pai quando contrariado. Os tempos difíceis haviam chegado.

Capítulo 5

Antef enfrentava os mesmos problemas que o príncipe Nârmer. Ele também não conseguia mais formar um exército; os nobres dos heseps do Norte eram ainda mais fortes do que os do Sul, tendo pequenos exércitos pessoais. Foram eles que haviam impedido que Zékhen tivesse tomado o Norte de assalto. Os nobres do Norte achavam que aquele ataque inicial havia redundado em uma fragorosa derrota que não deveria ser repetida. O ataque covarde a On e a morte de Khase ensejara uma expedição punitiva de Zékhen, com Zau, Perouadjet e Djedu em chamas. Os nobres queriam paz e não comungavam com as ideias unificantes de Antef.

Antef tinha o mesmo desejo de Zékhen, unificar o Kemet, mas só que com ele à frente do vasto império. Se Zékhen e Antef haviam sido aliados, no passado, como Seth e Garusthê-Etak, agora eles haviam se tornado inimigos mortais.

Osíris amava Antef. Havia sido seu inimigo, tendo-o levado à quadriplegia, mas ele era um espírito totalmente redimido e não guardava nem ódio nem rancor. Reuniu sua equipe de coordenadores e discutiu longamente o assunto.

– Nós não podemos tomar partido. Para nós o que importa é a união do Kemet, de preferência, sem luta, sem guerras, mas isto é apenas um desejo que não encontra respaldo na realidade.

— Realmente, temos feito muito esforço para que isso aconteça, mas os espíritos dos dois líderes são tão antagônicos que não há como conciliá-los.

O comentário foi de Khons, que fora irmão de Osíris e agora era um dos coordenadores espirituais do Kemet. Khons sempre fora um homem pacífico, preferindo as artes aos duelos. Fora um dos responsáveis pela introdução de um mobiliário extremamente requintado e cheio de desenhos e incrustações no Kemet.

Djhowtey, também conhecido como Thoth, fora um dos seus amantes, mas, agora, já não estava mais no Kemet, tendo sido levado de volta para Ahtilantê, numa das primeiras levas de repatriados espirituais. Ele fora responsável pela introdução da forma escrita, tanto a simples como a hierática, que seria chamada de hieróglifos. Ele havia influenciado grandemente Khons, que, nestes tempos primitivos, preferira ficar na Terra para ajudar os seus irmãos em desespero do que voltar para Ahtilantê, pois nada o prendia ao jardim do Éden, o quinto planeta do sistema de Capela.

— Mas quando os colocamos em campos opostos foi para que pudessem resolver seus conflitos, seja por meio da cruenta guerra, seja por meio da concórdia da paz. Eles são ainda extremamente cheios de complexos psicológicos e ódios recalcados, para encontrarem na negociação uma forma de coexistirem pacificamente. Eles agora são inimigos e como tais se matarão.

— E Nârmer? — perguntou Ísis.

Osíris responde-lhe cheio de mansuetude:

— Seu filho está indo muito bem, e creio que se tornará o primeiro rei deste país, que há de ser unificado.

Todos, no entanto, queriam saber como isso iria acontecer e Osíris respondeu:

— Tudo virá em seu tempo, mas agora é importante conhecer a história de Antef, ou melhor, de Seth, também conhecido como Dzvar, o feiticeiro de Makartha.

Ao nome de Makartha, um dos fabulosos reinos de Ahtilantê, os presentes, todos capelinos, empinaram o corpo e passaram a escutar a estranha e maravilhosa história de Dzvar.

Dzvar era um imenso e belo verde que nascera no reino de Makartha, no tempo em que as grandes conquistas do império Hurukyan estavam chegando ao fim. Já acontecera a revolução industrial de Ahtilantê, mas ainda havia feudos e reis despóticos. O reino de Makartha era um daqueles regimes que haviam superado o tempo, tendo se consolidado há mais de mil anos, nada mudando, a não ser os avanços tecnológicos. Continuava feudal e autocrático, com uma enorme massa de desvalidos e miseráveis.

Dzvar era o segundo filho de um grande proprietário de terras, e havia sido instruído para ser um nobre igual ao pai. Entretanto, o que mais lhe atraía eram as artes da magia e, desta forma, tendo riqueza suficiente e desejo de aventura, lançou-se a conhecer as estranhas terras da imensa cordilheira Azincachuan, pois lá os cinzas eram conhecidos como grandes feiticeiros. A imensa cordilheira era composta de uma infinidade de picos nevados, com vales profundos, sendo a terra dos cinzas, raça considerada inferior.

Dzvar havia ouvido falar de um mosteiro onde ele poderia desenvolver artes mágicas estranhas e ele estava curioso para conhecer as essas práticas de magia e feitiçaria. Ele se armou de guias que conheciam o local, de roupas adequadas ao intenso frio e partiu para a insólita aventura. Passou meses subindo e descendo escarpas, penetrando em estranhos vales. Era recebido com desconfiança pelos cinzas que sabiam que os verdes os julgavam inferiores. Realmente Dzvar os tratava bem, mas, vencido pela educação, acreditava que eles eram infantis e que possuíam uma cultura primitiva.

Finalmente, após intensas buscas, Dzvar encontrou o mosteiro e, após grandes dificuldades para ser aceito, conseguiu ser admitido como neófito.

A vida de Dzvar sofreu grandes mudanças. Do intenso luxo do seu palácio, ele teve que se contentar com uma pobreza acachapante. Mas nada disso o preocupava; apenas queria desenvolver seus poderes mentais. Queria ser um grande bruxo e poder atrair poderosos espíritos que o ajudariam a se tornar o mais extraordinário dos homens. Ideia insana da qual ele nunca se livrou.

O mosteiro de Buvhantra era comandado por um cinza, chamado Yamaghustra, que havia passado sua vida dedicando-se à caridade. Pessoas de todos os lugares vinham para ser tratadas de ignotos males, de bruxarias, de miséria de todos os tipos.

Yamaghustra e seus quarenta e poucos monges recebiam os doentes, os necessitados e, pela manifestação de bons espíritos, ajudavam os infelizes. Os espíritos uniam-se por meio de cordões fluídicos à mente dos monges e os comandavam em agradável parceria, manifestando-se aos homens com personalidades típicas, que não podiam ser confundidas com os tipos humanos.

Dzvar, numa das primeiras sessões, sentiu uma leve tonteira, uma certa queda para a direita, como se perdesse o norte. Assustou-se e conteve-se, mas sentiu-se opresso, com o coração a disparar. Yamaghustra explicou-lhe que o seu guia espiritual havia se aproximado dele e que ele tinha o dom e deveria desenvolvê-lo adequadamente.

Dzvar aceitou essa manifestação e durante quase oito meses, diariamente, foi recebendo os eflúvios dos guias espirituais, especialmente de um deles que se apresentava como um homem velho de nome Ghedra. No final do extenso treinamento, Ghedra manifestava-se através de Dzvar com grande facilidade, adotando expressões próprias e demonstrando que era uma personalidade diferente da de Dzvar.

Ghedra recebia as pessoas e segurava as mãos de quatro dedos dos Ahtilantes e falava do passado, do presente e do futuro, enquanto Dzvar permanecia consciente, escutando tudo e tomando conhecimento do que acontecia naqueles momentos.

Nesse ambiente, Dzvar passou oito anos e desenvolveu seus poderes psíquicos, conhecendo os espíritos elementais, os poderosos alambaques e os infelizes sofredores que haviam morrido sem saber nada do mundo espiritual.

Dzvar resolveu voltar para o seu país e montar um mosteiro similar. Ele sentia que o seu povo precisava de ajuda espiritual. O tempo em que ficara em Buvhantra o fizera ver a necessidade de fazer caridade, ajudar os desvalidos e miseráveis, e tranquilizar os dementados e os doentes terminais.

Ao retornar à terra natal, Dzvar, usando a riqueza de seu pai, montou um belo templo para a prática da caridade. Ghedra, o seu guia, o havia acompanhado e atraía multidões com seu poder curador. No entanto, a religião formal do Estado logo começou a se mostrar contra sua atividade, pois ele ganhava adeptos a olhos vistos.

Por outro lado, as forças trevosas iniciaram seu jogo. Sabendo que ele era orgulhoso, vaidoso, mulherengo e ambicioso, os tenebrosos alambaques colocaram diversas pessoas no caminho de Dzvar que começaram a elogiar sua força espiritual, sua máscula beleza e, aos poucos, essas mesmas pessoas, orientadas sem o saberem pelos espíritos obsessores, passaram a solicitar não mais as curas que tanto o enobreciam, mas sim o mal de inimigos, reais ou imaginários.

O guia espiritual, Ghedra, no início, conseguiu afastar os obsessores, mas, como Dzvar se deixava enredar pelos elogios, pelas mesuras, pelos convites às casas da alta sociedade, aos banquetes em sua homenagem, seu orgulho e sua vaidade passaram a ser um impeditivo para que o amoroso guia pudesse orientá-lo.

Deste modo, mês após mês, Dzvar foi se enredando com o mal, conseguindo destruir um desafeto de alguém importante que lhe pagava regiamente pelo nefasto ato. Noutra oportunidade, ele fazia um sortilégio para matar um rival de algum político, e assim ele prosseguia em sua agourenta atividade.

Ghedra afastou-se após lutar o quanto pôde. Recebera ordens superiores de deixar o infeliz Dzvar ao seu próprio destino. Ele fora imprevidente e deveria pagar pelos seus crimes. Em pouco tempo, dedicando-se ao mal, Dzvar conseguiu uma fortuna e um sucesso invejável. No entanto, sem saber, ele passara a ser um fantoche na mão dos alambaques.

Sua fama cresceu a ponto de o próprio rei chamá-lo para receber seus conselhos, o que ele fazia cheio de empáfia. Como os alambaques eram inteligentes e desejavam dominar o reinado, eles o fizeram curar um dos filhos do rei e, com isso, ele passou a ser adorado na corte, onde entrava e saía à vontade. Aos poucos sua atuação tentacular foi se estendendo sobre a família real, os ministros e os nobres. Dessa maneira, não só mais dinheiro entrava, como também honrarias e poder.

Ele era dado a conquistas amorosas, sendo insaciável amante. Belo, ainda em idade jovem caminhando para a maturidade física, atraía mulheres e homens adamados, os quais fascinava com técnicas espirituais e exóticas fórmulas e poções. Com isso, ele os dominava, tanto emocional, como sexualmente. A todos ele usava para propósitos que acreditava serem seus, mas que eram a vontade dos alambaques que o dominavam.

O plano desses espíritos trevosos era simples: desejavam implantar um atraso cultural e tecnológico no reino de tal forma que a miséria grassasse. Ora, a pobreza extrema é má conselheira dos homens, pois, no afã de resolverem seus problemas financeiros, eles cometem os piores crimes, os mais loucos desatinos e as mais cruéis façanhas, tornando-se presas fáceis dos alambaques.

Dzvar era um dos conselheiros que mais enalteciam a figura do rei despótico. Dessa forma, o estado de direito, onde todos os homens são iguais, era um quimera. Enquanto outros países cresciam em poder econômico, Makartha estava ainda num regime quase feudal, onde os miseráveis eram a maioria.

Aos poucos, enquanto o mundo ia evoluindo, uma espécie de socialismo ia ganhando adeptos em Makartha. A polícia secreta do rei aprisionava os pobres aos magotes, enviando-os para lugares ermos onde eles apodreciam em minas, em prisões detestáveis e em campos de extermínio. Enquanto isto, Dzvar vivia em luxo nababesco. Seu templo, onde ele fazia suas magias, vivia cheio de pessoas que faziam filas para serem atendidas por monges menos categorizados.

Dzvar abria um templo por mês, espalhando sua estranha doutrina, que misturava magia negra, metempsicose, noções de inferno e de fim de mundo seguido de um exílio para outro planeta em uma lua negra que viria para levar os que não haviam sido eleitos. Ele obrigava os adeptos a pagarem um dízimo que servia não só para seus propósitos pessoais, como também para espalhar sua doutrina por todas as cidades do vasto país e dos países vizinhos.

Em menos de dez anos, Dzvar havia aberto templos e ganho adeptos em milhares de cidades. Em todos os lugares era adorado como o grande hierofante. Ele havia instituído uma nova religião que pregava o bem, a exclusão do mal do mundo, com o exílio que em breve deveria acontecer, e o pagamento de dízimos e donativos. Ele havia adquirido um poder econômico tentacular, sendo o proprietário de inúmeras empresas, especialmente fora de Makartha, pois lá ainda imperava a mais negra miséria.

Os espíritos toleram o mal com grande paciência, esperando que o próprio mal se destrua, pois somente o bem é duradouro. Como só poderia acontecer, a miséria chegou a um ponto intolerável e, após revoltas sucessivas e cada vez mais generalizadas, o povo destronou o rei, que fugiu para um doce exílio em outro país que o acolheu com honras e pompas.

Dzvar, sempre bem-informado, partiu antes do rei, deixando os seus monges para serem trucidados pela matula infrene. Seus mosteiros, templos e propriedades foram confiscados em favor do novo estado. No entanto, isso era apenas uma pequena parte da imensa riqueza do seu império, construído à custa da fé inocente, da magia negra e de rituais alegres, cheios de cantorias e de espetáculos de fé viva. Desse modo, rico e prestigiado, ele se estabeleceu em Tchepuat, a capital do império Hurukyan.

A religião predominante naquele império era frontalmente contra a doutrina obscura e escatologicamente apocalíptica de Dzvar, que era chamado de o feiticeiro de Makartha. Seus adversários resolveram que não iriam incorrer no erro de outros, ou seja, lutar abertamente contra Dzvar, levando a discussão para o terreno doutrinário. Concluíram que ele deveria ser assassinado. O mal derrota o mal. E assim o fizeram, mas de tal forma que a sua morte, em consequência de uma grande e fatal dose de miridina, desmoralizou-o completamente perante o mundo e seus seguidores. Se o tivessem matado perante uma multidão, ele teria virado um mártir e seria louvado para sempre, mas, com uma morte forjada na droga e no vício, colocaram nele a capa de pecador, imundo e drogado. Desse modo, ele se tornou mais um escândalo, que foi logo esquecido assim que outro mais recente apareceu.

Dzvar acordou no mundo espiritual, numa das imundas masmorras do imenso castelo de Drak-Zuen, a cidade das trevas, que seria visitada por Varuna quase um século depois. Ele não entendeu o que havia acontecido e por isso acreditou que fora preso pelas forças imperiais hurukyanas. Começou a gritar impropérios, demandando justiça, até que a pesada porta foi desarrolhada e apareceu um dos guardas da masmorra.

Dzvar nunca teve um susto tão grande a ponto de se urinar todo. O guarda era um espírito tão hediondo que parecia uma mistura de animal pré-histórico com ser humano, que grunhia horrivelmente. Ele bateu em Dzvar com descomunal força com um porrete que, além de dar a sensação de imensa dor, produzia pequenos choques elétricos que provocavam convulsões involuntárias. Após uma saraivada de pancadas, acompanhadas de chutes e palavrões, Dzvar foi agarrado pelo pescoço, tendo-lhe sido colocada uma coleira e levado junto com outros prisioneiros a um pátio coberto, com mínima claridade, onde devia haver umas duas centenas de pessoas jogadas ao léu.

Ele viu que a guarda era reforçada. Cada um desses seres era mais esdrúxulo e tenebroso do que o guarda que o havia surrado.

Alguns dos prisioneiros estavam em estado de estupor, olhando idiotizados para lugar nenhum. Outros estavam em tal estado de agonia que andavam de um lado para outro, falando, gesticulando, incapazes de articular uma frase com nexo, num estado de delírio ambulatório. Dzvar concluiu que estava num manicômio e que ele mesmo devia estar sofrendo das faculdades mentais, pois estava vendo demônios. Quando um deles passou perto dele, levitando a alguns centímetros do chão, ele teve certeza: havia enlouquecido.

– Você não está louco. Você está morto.

A voz veio da direção de um homem jogado num canto. Dzvar olhou-o. Era um homem aparentemente comum, em andrajos, com uma fisionomia cansada, doentia.

– Como assim, morto?!

– Você, assim como todos aqui, está morto. Estamos todos no mundo espiritual. Isto aqui é o inferno.

Dzvar riu. O coitado estava louco. "Todos sabem que o inferno é um lugar cheio de fogo, enxofre, onde as pessoas são mergulhadas em rios de lava, tendo a pele queimada ininterruptamente, já que sempre se regenera", pensou.

O homem olhou-o e disse:

– É verdade, esta concepção existe para aqueles que se suicidaram, tendo usado o fogo como elemento de destruição. Eles revivem esta morte infamante até a completa exaustão. Mas você, como eu, somos crápulas, de alma negra, e ficaremos neste lugar trevoso até que a luz de Deus venha nos livrar de nós mesmos.

Dzvar não quis contrariar um louco. "Ele pode ser perigoso. É melhor agradá-lo."

– E você está aqui há quantos anos?

– Há mais de duzentos anos que estou nesta masmorra.

Dzvar riu a plenas gargalhadas. "Quem vive duzentos anos? O homem é louco." Seu riso estrepitoso atraiu dois guardas que imediatamente começaram a bater nele com mais e mais força.

Dzvar podia ser oportunista, mas não era covarde. Levantou-se e quis iniciar uma luta, mas um dos guardas deu-lhe uma bastonada elétrica que provocou completa convulsão, fazendo-o desmaiar.

Acordou no grande salão de julgamento, defronte de um dos mais poderosos alambaques daquela época, chamado Apopis, que o perscrutou lentamente com uma espécie de aparelho. No final da operação, ele levantou o braço de Dzvar e falou para os demais chefes alambaques:

– Este é nosso fiel e devotado servo Dzvar, o feiticeiro de Makartha.

Virando-se para um espantado Dzvar, Apopis começou a falar com sua voz cava e seu tom quase monocórdio.

– Você foi um dos nossos melhores servos, mesmo acreditando, o tempo todo, que estava nos dominando, porque fazíamos você crer que era o que você queria, quando, na realidade, você nos pedia, ordenava mesmo, apenas aquilo que nós queríamos que você nos pedisse. Você, com seu orgulho desmedido, sua vaidade doentia, sua arrogância, sua prepotência, cometeu os piores crimes e desatinos. Você serviu aos nossos desígnios, transformando a religião num excelente negócio. Os homens, ao invés de se religarem a Deus pelo amor ao próximo, procuraram as artes mágicas, as práticas sociais e as obscuras doutrinas que nós insuflamos.

Dzvar o olhava sem crer que tudo aquilo estava acontecendo. Para ele tudo parecia um pesadelo, mas a figura de Apopis era por demais aterrorizante para que ele pudesse fugir para algum ponto obscuro de sua mente, refugiando-se em algum fenômeno catatônico.

– Dzvar, você foi nosso melhor colaborador. A religião serve para extrair o que há de melhor no homem para elevá-lo no caminho de Deus, mas você a transformou num excelente comércio. Que ótimo para nossos tenebrosos propósitos! Queremos a derrota do homem vulgar, pois, assim como chafurdamos nestas trevas, queremos levar o maior número possível para o grande inferno quando chegar o dia do julgamento final.

Dzvar tremia de intenso medo e nada o faria parar de se sacudir como uma vara verde no meio de uma tempestade furiosa.

Apopis aproximou-se dele e, com seus olhos esfogueados, iniciou um processo de subjugação e obrigou-o a confessar seus crimes. Dzvar, impelido por uma força dominante, abriu seu coração caliginoso e discorreu por longos minutos, contando em detalhes os seus piores crimes de lesa-divindade. Ao terminar, fora de si, gritou:

– Sou Dzvar, o feiticeiro de Makartha, aquele que cumpriu fielmente as ordens dos grandes alambaques.

O silêncio com o qual os demais alambaques haviam escutado sua longa confissão foi subitamente quebrado por uma grande ovação dos presentes e, nesse momento, Dzvar deu-se conta de que havia realmente morrido, de que estava nas plagas infernais e nas mãos dos 'dragões'. Sua vida passou como se fosse um átimo em sua frente e ele se deu conta de que tivera a grande oportunidade de evoluir honestamente, mas que agora era um cativo das forças que ele, sem saber, havia divulgado e prezado tanto durante a vida.

Seu coração confrangeu-se a não mais poder e, nesse momento de arrependimento e dor, o alambaque aproveitou sua fraqueza mental para, por indução mental, transformá-lo no que ele efetivamente era, uma besta-fera. Assim ele foi lançado nas trevas exteriores a Drak-Zuen e ficou vagando por anos a fio. Ele perdera a noção do tempo, apenas revivendo todas as situações em que seu orgulho desmedido, sua vaidade extravagante e sua ambição megalomaníaca o levaram a tornar-se um ser vil que usara as forças espirituais para seu proveito, transformando um excelso dom numa paródia de mau gosto e usando o santo nome de Deus para seu enriquecimento ilícito.

Passou-se quase um século de profunda dor até que, ao repetir pela milionésima vez os seus extensos crimes espirituais, ele lembrou-se de Deus não como um ser imaginário, figura mitológica, distante e cheia de contradições, mas como Pai amoroso, ser magnífico de excelsas virtudes, de inexcedível amor. Nesse instante, com o rosto – se é que se podia chamar aquela carranca de rosto – banhado em lágrimas de arrependimento, ele clamou pelo Pai.

– Ó Pai de misericórdia, que é capaz de perdoar mil vezes o pecador, que é capaz de dar milhares de oportunidades de redenção, olhe para mim, o mais miserável de suas criaturas, e me dê o lenitivo de uma fagulha de seu excelso amor.

Assim falando, Dzvar mergulhou num pranto de arrependimento sincero e dulcificante. Não demorou muito para que, atraído pelas preces pungentes daquele ser tombado no mal, aparecesse um grupo de espíritos socorristas especializados em trabalhar nas densas trevas. Não foi muito difícil para eles localizarem Dzvar, pois viram um pequeno facho de luz saindo de um dos muitos abismos.

Os obreiros o acalmaram com passes tranquilizantes. Mesmo vendo-lhe o arrependimento, sabiam que era um ser transmudado pelos alambaques, portanto um perigoso criminoso, pois se não o fosse não estaria na situação em que estava. Dzvar adormeceu profundamente e os obreiros usaram a volitação e o tiraram das densas trevas. No caminho, perto do umbral, eles passaram a caminhar lentamente à procura de mais irmãos a ponto de serem recuperados.

A caminho da instituição, eles se encontraram com dois belos espíritos que seguiam através das densas trevas do umbral e que se juntaram a eles. Os dois iam em missão sacrificial junto aos grandes alambaques e eram chamados de Varuna e Vartraghan, e a instituição socorrista era coordenada por um abnegado espírito chamado Sraosa e sua esposa espiritual, Mkara.

Dzvar não sabia, mas o exílio que ele tanto apregoara estava se iniciando no momento em que fora levado para a instituição socorrista. Deste modo, alguns meses depois, junto com as primeiras levas, ele era levado para um distante planeta chamado Terra, onde reiniciaria sua ascensão espiritual.

Quando Dzvar acordou, estava na Terra e os guias lhe disseram que iria renascer entre os sumérios, na cidade de Lagash, como filho de um camponês, levando uma vida simples.

Dzvar, que havia se arrependido de seus crimes quando estava nas trevas, em excruciante sofrimento, ficou furibundo por ter sido desterrado. Ele se achou profundamente injustiçado. Afinal das contas ele não era um criminoso comum, um homicida, um parricida, um matricida, um desequilibrado que havia matado toda a família. Na sua opinião, ele havia cometido pequenos delitos de ordem espiritual, pois, na intermediação entre os espíritos e os homens, se julgava apenas um instrumento. Os guias, amorosamente, fizeram-no ver que ele havia cometido homicídios e inúmeros outros crimes usando e deixando usar seus poderes. Se ele tivesse se dedicado ao bem, esses espíritos trevosos não poderiam ter cometido os crimes que cometeram tanto a seu mando direto como com sua tácita aquiescência. Era, portanto, culpado.

Dzvar renasceu em Lagash, mas desde o início de sua vida se achava superior aos primitivos terrestres. Em pouco tempo, ele se destacaria tanto pela notável inteligência como pelos poderes mentais. Ele, que havia se relacionado mentalmente com os alambaques por tantos anos, era agora presa fácil deles. E eles estavam em todos os lugares, pois agora eram guias, profetas, deuses e reis dos homens. Sua vida não foi tão produtiva quanto queriam os guias espirituais, mas foram quarenta anos de intensa atividade.

Sua próxima existência seria como Seth, irmão de Osíris. Sua função inicial seria de ajudar o irmão a instituir uma religião na qual se daria ênfase à vida depois da morte. Contudo, seu orgulho ainda desmedido e sua vaidade gigantesca o levaram ao crime e à sedição, tendo matado o doce Osíris e Hórus, seu sobrinho, filho primogênito de Osíris e Ísis.

Fora presa fácil de Garusthê-Etak que, com sua sofreguidão por fluidos vitais, havia provocado a maior chacina no Kemet, uma guerra civil de grandes proporções para a época.

Passara muitos anos perdido nas trevas até que Kabryel mandou recuperá-lo, pois o grande guardião queria que ele fosse um dos artífices da união do Kemet. Ele agora renascera como Antef, filho do rei que havia unificado os dois reinos do delta do Iterou.

Antef, por sua vez, enfrentava muita resistência para montar seu exército. Os governadores dos heseps não queriam fornecer armas, homens e comida para montarem um exército comum. Antef podia ser o rei do delta do Iterou, mas o sistema não era absolutista, e sim uma espécie de primado dos nobres. Não havia como comandar vinte heseps que haviam sido conseguidos por herança. Cada um se achava dono do seu pedaço de terra. Se Antef se dizia rei, os nobres o aceitavam, mas, como grandes barões de terras, eles também tinham um grande poder nas mãos.

Antef era um homem duro e queria impor sua vontade pela força, e, tendo tentado em vão conseguir seu exército para lutar contra Zékhen, resolveu partir para aquilo que mais conhecia: a magia.

Tudo acontecera de forma aparentemente fortuita. Neferter, com o intuito de vingar a morte de Hetepher, foi procurar Antef, que já a conhecia de sobejo, e ofereceu seus serviços de magia. Antef, sagaz como uma raposa, logo entendeu como poderia usá-la e mancomunou-se com a sacerdotisa, que trouxe um velho bruxo, sacerdote do terrível deus Seth.

O templo de Seth era em Tjel. Muitos anos depois seria feito um templo para o deus dos trovões em Ávaris, no entanto, naquele tempo, Ávaris ainda não existia. Antef morava longe de Tjel e por isso mandou fazer um altar em sua residência em Perouadjet e, para oficiar os rituais sacrificiais, aceitou de bom grado os serviços do velho monge.

Naquele tempo, Seth já era considerado um neter, o deus dos trovões e dos raios, das guerras e das emboscadas traiçoeiras. Antef, sem saber que ele fora o próprio Seth, passou a adorá-lo e a exigir seus favores. Os espíritos atrasados haviam se apropriado dos altares onde odorifumantes oferendas eram feitas. Os animais eram sacrificados e seus fluidos vitais eram aspirados pelos espíritos dementados. O comércio com o mundo espiritual se fazia abertamente.

Os espíritos dementados foram logo atraídos pelos sacrifícios. A vibração da carne emanava a quilômetros, atraindo todo tipo de indivíduo do mundo astral inferior. Havia aqueles que comandavam falanges e logo se organizaram para expulsar os excessivamente dementados. Deste modo, no mundo astral inferior, se instituiu uma certa hierarquia, sendo que o comandante era um alambaque capelino de péssima reputação.

Neferter engendrara um plano simples: usando as forças do deus Seth e de sua falange, ela dominaria mentalmente os governadores dos heseps, obrigando-os a fazerem tudo o que Antef quisesse. O que ela não sabia era que Antef estava em perfeita sintonia com os espíritos daquela falange diabólica, pois, afinal das contas, ele não passava de um miserável degredado capelino.

O velho oficiante ofereceu uma folha ao cabrito, que abriu a boca e a segurou. Neste momento, o velho feiticeiro segurou o focinho do animal, enquanto Antef já havia segurado as patas e, com um golpe lento, forte e seguro, passou a faca cerimonial no pescoço do cabrito. O sangue esguichou na vasilha especialmente trazida para tal, enquanto os fluidos do animal começavam a evolar. O alambaque aproximou-se o máximo que podia do corte e sugou avidamente os fluidos que saíam. Ele sentiu o prazer do calor do corpo do cabrito e, em sua mente, um longo e satisfatório momento de êxtase tomou conta dele.

O animal estrebuchou por alguns instantes, tendo entrado em estado de choque, perdendo a reação instintiva ao que estava acontecendo. Em poucos minutos, ele estava morto. Neste instante, ele foi retalhado, sendo que o seu intestino foi aberto e o coração, fígado, pâncreas e rins foram separados em outra vasilha para serem ofertados no momento azado. As suas pernas dianteiras e traseiras foram cortadas na altura do joelho e colocadas junto à cabeça decepada do animal no vasilhame apropriado. O conjunto foi levado para o altar e ofertado ao deus Seth, enquanto as vísceras separadas seriam levadas para o fogo e cozidas em azeite de oliva, logo emanando um cheiro agradável que tomaria conta do ambiente. O restante do animal – a melhor parte – foi levado para a cozinha, onde mãos hábeis o cortaram em pedaços, e preparado para ser comido pelos oficiantes e o restante da casa.

Antef depositou as vitualhas com extremo cuidado no fogo, em frente ao altar, e baixinho fez suas oferendas e seus pedidos de forma autoritária.

– Seth, grande deus dos trovões e dos raios, senhor da guerra, desejo sua ajuda para vencer meus inimigos. Em breve farei uma reunião de guerra e quero que meus nobres se curvem à minha vontade. Não posso passar o resto de minha vida a mendigar por ajuda. Quero que eles me obedeçam em tudo o que eu quiser. Caso isto aconteça, eu lhe darei cabritos, cordeiros e tudo o mais o que quiser.

O alambaque escutou as súplicas do ofertante, virou-se para seus comandados e disse:

– Venham, meus bravos, vamos traçar um plano de ação. O momento exige decisão e aqui teremos tudo o que quisermos.

Assim dizendo, o alambaque deu um comando mental ao velho oficiante:

– Quero vinho!

O velho recebeu a ordem mental e, virando-se para um dos seus ajudantes – eram dois inseparáveis que o ajudavam em tudo –, ordenou:

– Tragam vinho em abundância para o grande Seth.

Os homens saíram e voltaram em poucos minutos com uma jarra de vinho, que verteram num copázio e colocaram no altar.

O álcool começou a evolar sutilmente do copo e da jarra, enquanto o alambaque aspirava o vapor etílico, que mais uma vez lhe deu imenso prazer, pois, nesse grau de vibração espiritual, coisas materiais, como os perfumes, os odores do corpo e o cheiro da comida, são quase tangíveis. Tudo proporciona ao espírito do astral inferior as sensações de estar vivo no plano material.

O velho alambaque, uma raposa de astúcia, mandou seus asseclas procurarem os nobres hesepianos e descobrirem suas fraquezas, seus pontos fortes, seus motivos e por onde podiam articular um ataque. Essa operação tomaria alguns dias, pois cada um dos espíritos levaria algum tempo para descobrir quem era quem. Mas como se tratava de um grupo extremamente experimentado de obsessores, eles não tiveram dificuldades em descobrir os pontos fracos de cada um.

Num era a bebida, no outro era o orgulho, naquele era o amor pela esposa e filhos, e assim cada um tinha um lugar no coração que era macio, próprio para a adaga da magia entrar. Os enviados do alambaque retornaram e contaram ao chefe suas descobertas, e naquele momento traçaram os planos de ataque.

O alambaque exigiu mais oferendas ao velho, que, pela porta da intuição, atendia-lhe em tudo. Antef não poupava nada para agradar o espírito que ele pressupunha ser Seth. Desta feita foram mortos vários cabritos e servidas generosas porções de vinho e cerveja, tudo feito com esmero para agradar os deuses.

Osíris foi avisado por um dos guias que Antef estava usando de sortilégios e baixa magia, estando rodeado de escabrosos seres, sendo a maioria alambaques. O guia estava aflito, pois ele queria proteger um dos nobres e desejava o concurso dos espíritos superiores para expulsar os infelizes de perto de seus protegidos.

– É preciso que você entenda, meu caro Garbus, que os renascidos devem aprender a se proteger contra as forças trevosas que estão sempre em volta deles. Nós não podemos e não devemos impedir que eles estejam sujeitos à ação maligna. É preciso que o renascido encontre forças no sofrimento para superar suas dores. A obsessão assim, como prova severa que exige determinação, força de vontade e tirocínio, é uma forma de aprendizado, ou até mesmo um teste para ver até onde o renascido é forte apenas da boca para fora. Nosso Amantíssimo Pai nos deseja fortes para os grandes voos da espiritualidade, e não fracos, filhotes que necessitam de apoio paterno permanente.

— Mas, mestre Osíris, devemos permitir que os alambaques dominem nossos seres amados e façam deles o que quiserem?

— Nós devemos monitorar os nossos protegidos, assim como vigiar de perto as atividades de nossos irmãos menores. Podemos atuar nas mentes de nossos protegidos insuflando-lhes determinação, força e esperança. Não se esqueçam de que devem também fazer o mesmo nos nossos irmãos menores, que ainda chafurdam no lodo do vício, do crime e da ignomínia.

— Mas como fazer isso? Estamos num plano mais elevado e eles não nos veem.

— Faça do mesmo modo como o faria com um renascido. Insuflando pensamentos positivos e benfazejos em suas mentes por meio do fenômeno da telepatia.

O guia entendeu a mensagem e partiu reconfortado. Osíris chamou um dos seus assessores e perguntou-lhe:

— Quem é que está coordenando os demônios?

— É o velho Apopis.

Osíris perscrutou um aparelho e, após alguns instantes, aparecia a figura do velho alambaque. Após analisar os arquivos astrais de Apopis, Osíris exclamou:

— Como é interessante o funcionamento da lei de causa e efeito!

A expressão de curiosidade dos assistentes foi logo satisfeita pelas explicações de Osíris.

— Apopis, atraído pelas mesmas vibrações astrais, reencontrou Antef, pois ele é o mesmo alambaque que o influenciava quando ele era Dzvar, o feiticeiro de Makartha, e o mesmo que o transmudou em um monstro, em Drak-Zuen, após sua morte. Mais uma vez, os mesmos personagens se encontram no teatro da vida para reencenarem a mesma peça. Esperemos que possam desenvolver um final mais feliz do que na última vez. Apopis é realmente o dragão-serpente que deseja destruir o trabalho de Rá. Vigiem-no e me alertem quanto a qualquer fato inusitado desse estranho ser.

Apopis era um dos mais endurecidos espíritos que haviam sido lançados no desterro. Ele fora o único da cidade maldita de Drak--Zuen que não havia aceito o convite de Varuna, tendo-se tornado um abominável demônio no decorrer dos séculos. Agora, sem saber, reencontrava seu escravo mental Dzvar, na figura de Antef. No início, ele se deixou levar pelas vontades de Antef, mas agora já pensava em dominá-lo com a mesma facilidade com que já havia feito no passado.

Antef gostava tanto de mulheres como de jovens garotos impúberes, os quais ele mandava trazer das redondezas. No entanto, aquilo que era para ser um jogo de amor entre um homem e seus meninos adamados, foi se tornando, sob a influência de Apopis, um perigoso jogo de morte. Não era raro que seus jovens rapazotes fossem levados à morte em sacrifício a Seth. Eram degolados e suas entranhas expostas para maior gáudio de Apopis, que se satisfazia bestialmente com os odores putrefatos que exalavam dos infelizes.

O nobre que comandava Djedu era um parente afastado de Antef, que havia sido colocado pelo pai deste para substituir o antigo rei das bandas orientais do delta. Chamava-se Usirkaré, um homem maduro de uma fibra indômita. Quando Antef ascendeu ao trono, ele remoeu-se de inveja e fez de tudo para desacreditar o primo distante perante os outros nobres. Sendo mais velho, ele tinha uma certa ascendência sobre os demais e sempre que podia mostrava que aquele fedelho não era apto para reinar.

A infeliz campanha de Antef contra a incursão punitiva de Zékhen, quando perdera as duas batalhas, a de Zau e de Djedu, não o deixara bem perante os outros nobres. Usirkaré o abominava, pois, além de tudo o que já fora dito, ele, o príncipe Antef, não seguira as suas recomendações na batalha e lançara um ataque atabalhoado contra a guarda ouasetiana, comandada pelo adolescente Nârmer e, com isso, permitira o massacre da fina flor de Djedu, deixando que as tropas de Zékhen entrassem e incendiassem a cidade secular de Osíris.

Usirkaré era osso duro de roer e os obsessores não encontravam brecha em sua carapaça, mas a sua mulher era vulnerável. A esposa era bem mais jovem do que o marido maduro e não se satisfazia com suas eventuais e rápidas investidas sexuais. Apopis, ao saber disto, urdiu um plano que desmoralizaria Usirkaré de tal modo que cortaria sua vontade de lutar contra as ideias de Antef.

Havia em Djedu um jovem de feições belas, porte elegante e sorriso encantador. Era primo próximo de Usirkaré, sendo muito mais jovem do que o nobre governador de Djedu. A jovem esposa, a mais querida do pequeno harém de Usirkaré, era a mais linda das flores do Baixo Iterou, não tendo mais do que dezessete anos; sofria por ter sido colhida da casa paterna sem lhe perguntarem se desejava ou não tornar-se esposa predileta do maduro nobre de Djedu.

Apopis, velho matreiro, mandou que seus capangueiros procurassem por ajuda para unir os dois jovens. Um dos braços-direitos de Apopis encontrou um espírito de uma mulher que estava sempre por perto de Nari, a esposa de Usirkaré, e a convenceu com regalias de participar dos ágapes. A mulher, uma vadia do mundo astral, achou o convite fascinante e foi conhecer Apopis, achando-o amedontrador mas de uma beleza máscula, que a levou para conhecer plagas nunca vistas por ela. Em pouco tempo, a vadia, que se chamava Anath, fazia parte do extenso grupo de obsessores de Apopis e, usando seu poder mental, começou a influenciar a descuidada Nari.

O jovem e belo Téti tinha a vida fácil de um nobre rico e conheceu Nari numa das poucas festas que eram dadas por Usirkaré. Anath, praticamente grudada às suas vítimas, lançava suas imagens mentais tanto para Téti como para Nari. Logo os dois estavam enredados nas teias escuras de Anath. O desfecho é óbvio. Os dois passaram a se encontrar às escondidas no próprio palácio do marido e iniciaram um incendido romance sem o menor pudor ou cuidado.

Antef convocou os vinte nobres dos heseps para uma grande festa a ser realizada em Djedu, por ser a cidade mais central. Mandou armar fora da cidade um grupo enorme de tendas, tendo trazido mais de duzentos carneiros, cabritos e galinhas para serem abatidos para a festança. Antef desejava conseguir a adesão de todos para seu plano de formar um exército para atacar Zékhen. O tempo urgia, porquanto até juntar todos, prepará-los e enviá-los à luta levaria três meses. Após isso teria mais três meses para vencer Zékhen, antes de o Iterou inundar tudo e transformar os campos numa pasta de lama, água empossada, cheia de crocodilos enormes e ferozes rinocerontes.

Nos dias que antecederam os preparativos, Antef trabalhou fortemente para agradar Seth, aliás, Apopis. Foram dados dois jovens pubescentes, doze carneiros e igual número de cabritos, além de sessenta galinhas, quatro jarras de vinho e oito de cerveja. Apopis e sua malta de criminosos refastelaram-se de fluidos vitais, de vapores etílicos e de cheiros, os mais fétidos, de carne em putrefação.

Antef chegou na véspera da grande reunião em Djedu com sua entourage, armando suas tendas e preparando tudo para uma festança irreprochável. A reunião seria na parte da manhã e Antef já tinha seu discurso pronto. Diria que seus espiões haviam trazido notícias de que Zékhen estava preparando um grande exército e que pretendia atacar depois das enchentes. O plano seria atacá-lo antes que pudesse reunir seus homens e destruí-lo para sempre. Ele daria um hesep a cada nobre hesepiano que o ajudasse.

Durante os meses que antecederam a festa, cada nobre fora influenciado por um obsessor especialmente enviado por Apopis. Um estava tão embriagado, que já não reconhecia nem seus filhos. O outro havia se lançado no jogo de tal forma, que suas dívidas iam além de qualquer esperança de recuperação. Cada um havia sido massacrado mentalmente em função de alguma brecha moral e vinham todos devidamente preparados para serem fascinados por Antef, aceitando de bom grado suas ideias de conquista. Somente Usirkaré podia impedir tal ideia, porquanto sua ascendência ainda se fazia forte, bastando algumas palavras enérgicas para que a maioria dos presentes recuasse.

Mas o velho alambaque Apopis era matreiro e esperto. Urdiu a seguinte situação. Intuiu Antef a chamar Usirkaré em sua tenda para confabularem, enquanto Nari, de forma imprudente, iria se encontrar com Téti. E assim foi feito.

Usirkaré encontrou-se com Antef já a altas horas da noite e Antef, guiado pelos capangueiros de Apopis, falou de tudo sem, contudo, mencionar suas ideias de atacar Zékhen. Foi extremamente agradável, contando pilhérias e cativando o seu anfitrião, que saiu de volta para seu palácio, por volta das três e meia da manhã.

Nari ouvira o marido dizer que ia para a tenda de Antef discutir planos de guerra e paz. A maldita Anath lançou-lhe a ideia de que ela devia mandar chamar Téti, que, imprudente, veio, e passaram a noite em conúbio. Anath a fez adormecer nos braços do belo Téti, que também adormeceu, sob o efeito hipnotizante de Anath e seu comparsa espiritual. Quando Usirkaré chegou em casa, sendo levado, mentalmente, pelo obsessor até os aposentos de sua adorada mulher, encontrou-a nua nos braços do amante. O golpe foi terrível. Sua vista nublou-se e o seu sangue chegou a gelar. Ele sentiu um aperto tão forte no seu coração que parecia que ia estourar. Quis gritar, mas não conseguiu.

Recuou de volta para o corredor com a mão no peito, sentindo uma raiva descomunal. O obsessor que atuava dava-lhe ideias assassinas, mas Usirkaré era um capelino em processo de recuperação e resistiu bravamente a todos os desejos de matar os dois amantes. Sem que ninguém soubesse, foi até seus próprios aposentos e lá trancafiou-se até que a manhã já ia alta, quando foi chamado pelo seu ajudante de ordens para que comparecesse à solenidade de Antef.

Ele foi, parecendo um morto-vivo, sem falar palavra, acachapado, mortalmente ferido. Cumprimentou os presentes de forma perfunctória, sem nenhum calor humano. Sua mente divagava longe daquela reunião. O obsessor havia encontrado uma brecha por onde atuava, revivendo a mesma cena, numa irritante monoideia obsessiva.

Antef concitou todos à luta e a maioria, sob o efeito de alguma forma de obsessão, acabou por concordar. Usirkaré, abobado, sem nenhuma vontade própria, não discordou de nenhum ponto e, quando instado a votar, o fez a favor da guerra, sem saber o que estava fazendo. Os demais, concluíram que, se o mais velho dos nobres assim o fazia, era porque a guerra era inevitável, e todos votaram a favor do conflito.

Finalmente, Antef conseguira seu tão anelado projeto. Poderia reunir uns dez mil homens e marchar contra o seu inimigo mortal, Zékhen, o tenita.

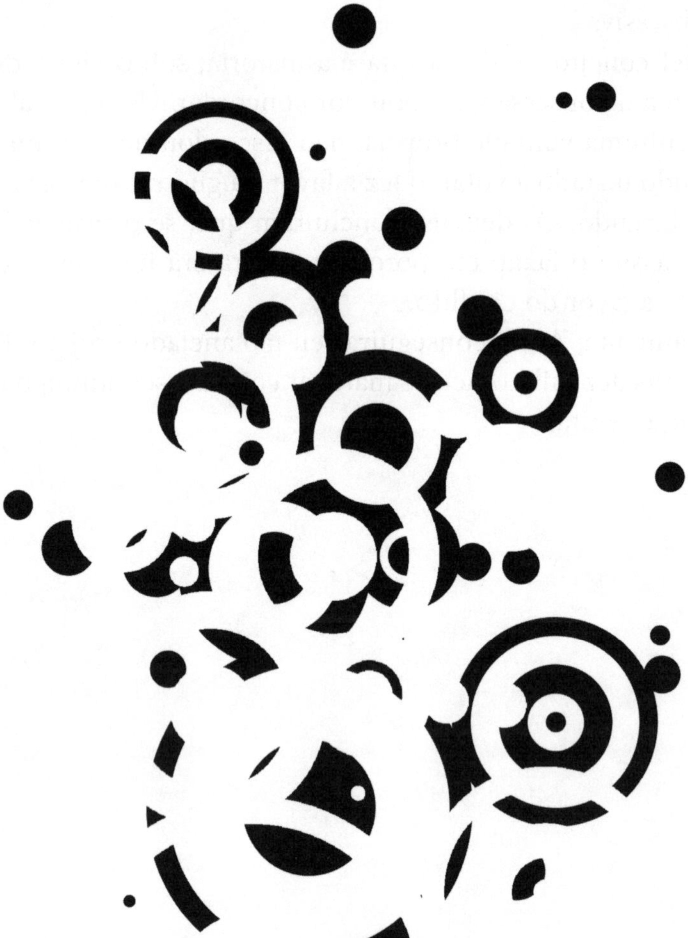

Capítulo 6

Antef levara sete anos para conseguir um novo exército. Enquanto isso, Zékhen e seu filho Nârmer lutavam contra a mentalidade igualmente imobilista dos nobres dos heseps do Sul. Pior do que os nortistas, os sulistas eram ainda mais fechados e chauvinistas. Achavam que não valia a pena se unirem contra o povo estranho e mal falado do Norte, pois para eles a nata do Kemet estava no Sul e não havia mais nada a se fazer quanto a isso, porquanto os nortistas eram afetados e preguiçosos.

Zékhen era muito igual a Antef, só que não queria usar magia por não acreditar em coisas que ele não podia ver. Interessante como um alambaque, acostumado ao mundo dos espíritos, às magias elementais, agora recusava-se até em acreditar naquilo que vivenciara por séculos.

Zékhen começou a se impacientar e resolveu dobrar a cerviz dos nobres do Sul, com o uso de força. No entanto, não queria atacar os heseps, pois temia uma guerra civil. No fundo de sua alma, ele sabia como eram terríveis as consequências de irmão lutar contra irmão. Assim, ele instituiu uma espécie de tributo que devia ser pago pelos nobres hesepianos. Era um tributo pesado que podia ser pago em bens ou homens de boa qualidade. A ideia era estupenda, e quem iria executá-la deveria ser seu filho, Nârmer.

Zékhen precisava do apoio financeiro de Ouaset, pois era o mais rico hesep do Sul. No entanto, o jovem nobre Adjib era metido a valente, tendo herdado isso do pai, que fora morto no ataque traiçoeiro de Antef durante as cerimônias de Rá. Ele jamais pagaria sem uma boa luta e, para tal, Zékhen mandaria seu mais valoroso espadachim, seu próprio filho Nârmer.

Nârmer foi até o hesep de Ouaset, onde seu amigo Adjib o recebeu de soslaio, desconfiado e reticente. O príncipe herdeiro foi direto e objetivo e lhe disse que só havia duas opções. Uma era pagar o tributo e a outra era lutar até a morte. Ele, Adjib, escolheria e tinha que se decidir naquele momento. Adjib, preferiu lutar num combate singular com Nârmer e, se fosse vencedor, tornar-se-ia rei de Ouaset, o que poderia reacender a sua antiga glória. Nârmer aceitou, com a condição de que, se perdesse, ele teria direito sobre a guarda ouasetiana. Nârmer havia alcançado a maioridade física e tinha se tornado um exímio espadachim, além de ser forte como um touro; portanto, seria fácil vencer Adjib, num embate singular.

Nârmer lutou bem e rápido, desferindo dois golpes de espada contra o flanco de Adjib, que se defendeu como pôde. No segundo golpe, o braço do oponente ficou excessivamente virado para defender o golpe, não dando tempo de retornar para proteger um forte golpe na cabeça. Adjib arriou-se sob o impacto e de sua fronte esguichou um pouco de sangue. Estava levemente ferido, podendo recuperar-se, sem maiores problemas. A espada não penetrara no crânio, apenas cortara superficialmente o couro cabeludo que, nesse caso, sangra abundantemente. Nârmer não titubeou, vendo o adversário vencido, arrancou a espada de sua mão e colocou a sua próxima à garganta do adversário batido. Não tinha intenção de matá-lo.

– E então, Adjib, aceita o resultado da luta e pagará o tributo?

Adjib baixou a cabeça e meneou-a no sentido de assentimento. Lá estava um homem derrotado e fragilizado. Antes que Nârmer pudesse dizer qualquer coisa, uma flecha cruzou o ar e acertou

Adjib em pleno peito. Certeiríssima flechada trespassou-lhe o coração, matando-o, para horror de Nârmer e dos familiares ali presentes. O jovem príncipe virou-se para ver quem desferira o golpe aleivoso e viu um dos guerreiros, chefe de falange, ainda com o arco na mão. Encarou-o cheio de ódio e não conseguiu pronunciar uma palavra sequer de tão indignado e furibundo que estava. O chefe de falange, vendo Nârmer enfurecido, tentou aplacá-lo, justificando seu ato:

– Foram ordens do meu rei Zékhen. Disse-me que Adjib deveria ser morto, mesmo que pagasse.

Então, seu pai não confiava nele. Tinha mandado um sacripanta para fazer seu trabalho sujo. Nârmer baixou a cabeça e, sem palavras, que a raiva, o ódio e a indignação sufocavam, meneou a cabeça em sinal de que entendia e de que tudo estava a contento. De que adiantava enfurecer-se com um pau-mandado, quando a causa do mal estava em Zékhen e não num energúmeno? Era preciso tomar muito cuidado e, já que o fato estava consumado, deu ordens para que retirassem o cadáver. A esposa, presente durante todo o ato, chorava num canto e Nârmer, tomando força sobre sua disposição ainda abalada, disse bem alto, para que os presentes ouvissem:

– A mulher e os filhos serão meus escravos. A riqueza desta casa também é minha. Não toquem em nada.

Nârmer era o filho de Zékhen, portanto, homem de poder, cujas ordens não deviam ser questionadas. Além disso, demonstrara em combate singular que era excepcional espadachim, cuja notoriedade logo se espalharia no Kemet. A esposa e os filhos de Adjib passaram a fazer parte do patrimônio de Nârmer, porquanto fora a única forma que vira de protegê-los da sanha dos guerreiros.

A volta a Téni se deu na véspera da enchente, e o grupo chegou na hora certa. Algumas horas a mais e ficariam ilhados por duas semanas em Ouaset. O chefe dos guardas, que flechara o infeliz Adjib, ficou em Ouaset e, junto com um escriba destacado por

Nârmer, passou a administrar a cidade. A casa de Adjib foi tomada pelo chefe dos guardas, em nome de Nârmer, e o escriba alojou-se numa casa vizinha da família do morto, que também fora arrestada.

Os pobres de Ouaset passaram a ter um bom assunto para conversa, já que alguns odiavam a família de Adjib; e outros gostavam do jovem nobre. Adjib fora daqueles homens que, tendo tudo, nada fizeram. Vivia em relativo fausto para a época, achando que os pobres e operários deviam trabalhar para seu bel-prazer, enquanto se dedicava a assuntos magnos, tais como a caçada, os jogos e o divertimento com os seus pares. Não fora do tipo despótico e cruel que tiranizava seu povo, o que já era um beneplácito para aquelas eras sem lei.

Zékhen ficou satisfeito com os acontecimentos e, mesmo ouvindo um pouco contrariado a alegação de Nârmer de que não era necessário matar Adjib, disse-lhe em tom paternal, complacente e calmo:

– Você é jovem e ainda se preocupa com detalhes insignificantes. O que é a vida de um homem perante o bem-estar de uma nação? Nada! Entretanto, deixar viver um futuro inimigo é expor-se a um perigo inútil.

– Ora, Zékhen, Adjib não representava mais nenhum obstáculo. Era um homem derrotado, humilhado.

– Mais uma boa razão para matá-lo. Hoje, está cabisbaixo e desenxabido; amanhã, reúne uma tropa e assalta seu forte, ou contrata um sacripanta para esganar na cama, em troca de duas taças feitas de ouro. Acha que correrei este risco? Claro que não. Por isso dei ordens para que Adjib fosse morto em Ouaset. Ele servirá de exemplo para os outros. Dobramos o mais poderoso dos heseps, e os outros ou nos seguirão, ou morrerão da mesma forma.

Nârmer, mais calmo, começava a dar razão ao pai. Realmente fora um ato cruel, mas os tempos eram duros e só o mais forte, determinado e armipotente poderia se sair bem.

Nârmer visitou os demais heseps do Alto Kemet e, em cada um deles, foi incisivo e, ao mesmo tempo, gentil e apaziguador. Falava mansamente, mas sua espada estava sempre empunhada, como a dizer ao interlocutor: cuidado, sou manso no falar, mas duro no agir.

Zékhen por sua vez recolhia os tributos em grãos, armas e homens e os estocava. Os homens eram treinados pelos guardas ouasetianos em ordem unida, força coordenada e ataques e defesas sob comandos de voz e trompas. Aos poucos, o exército de Zékhen estava aparecendo.

Nârmer fugia do casamento que o pai queria lhe impor, pois achava suas primas e sobrinhas feias demais. Porém, o amor iria lhe sorrir de forma pouco usual.

Nârmer foi até a casa em que havia hospedado a esposa do falecido Adjib que, desde sua morte, tornara-se sua protegida, amiga e confidente. Por respeito à memória do falecido amigo Adjib, ele ainda não a tomara por sua mulher, preferindo fazer dela uma amiga.

– Como foi sua viagem até Nubt?

– Não poderia ter sido melhor, pois o nobre do hesep pagou sem bufar e ainda me ofereceu a sua filha em casamento.

Neithotep olhou-o de soslaio e perguntou-lhe, com uma dxpressão levemente contrariada:

– E você aceitou?

– Claro que não. Só tenho olhos para você.

A última frase fora dita em tom de pilhéria, já que os dois se consideravam amigos. Nârmer era mais jovem do que Neithotep, tendo apenas uns pares de anos a menos do que a bela viúva de Adjib. No entanto, a linda mulher respondeu-lhe séria, olhando-o nos olhos.

– Eu é que só tenho olhos para você.

Nârmer não esperava por esta resposta e ficou desconcertado. A bela mulher aproveitou para pegá-lo pela mão; levou-o até a piscina interna de águas tépidas, retirou as roupas de Nârmer e as suas próprias, deu-lhe um longo e reconfortante banho, massageando-o longamente, enquanto colava seu corpo no dele, sentindo que ele estava excitado.

Neithotep estendeu-lhe uma tanga para ficar em casa e Nârmer olhou-a, bela, apetecível e tão amiga. Nunca a tocara, sempre em respeito ao falecido marido. Abraçou-a e beijou-a ternamente nos lábios. A mulher, que já o amava, entregou-se com paixão. Amaram-se durante algumas horas. Daquele dia em diante, Neithotep passou a ser a mulher de Nârmer, mas a cerimônia oficial do casamento só se consumaria alguns anos mais tarde.

Osíris, que acompanhava as atividades de Antef e de Apopis, também seguia as artimanhas de Zékhen. Desse modo, ao se encontrar com o coordenador do Alto Kemet, concluíram que os dois oponentes, por caminhos diferentes, e ambos nem sempre muito honestos, iriam conseguir seus intentos. No entanto, Zékhen fora mais hábil e já estava em vias de conseguir seu exército. Deste modo, tudo indicava que Zékhen iria invadir o Norte antes mesmo que Antef conseguisse reunir seu exército, pois, nessa altura, ele ainda estava iniciando seu processo de magia negra sobre os nobres dos heseps do Norte, enquanto que Zékhen já tinha seu exército treinado e quase pronto.

Mas havia algo que fora deixado de fora porque poucos estavam prontos para entender o que viam. O Kemet, mesmo sendo cercado por desertos, não estava a salvo de ataques externos. Ao sul do Kemet, existiam várias tribos núbias, compostas de homens hercúleos, negros como ébano, fortes como touros e destemidos como leões.

Apopis era um alambaque de grande cepa, conhecedor daquilo em que se metera. Não amava Antef, mas ele lhe era particularmente caro pelas oferendas que o haviam viciado ao extremo. Além disto, ele acompanhava Zékhen de longe, pois sabia que se tratava de valoroso adversário. Ao ver que o rei tinita já estava de posse de seu exército, logo pensou em algo para mudar seu rumo. Primeiro, pensou em obsediá-lo e levá-lo à loucura. Desistiu ao ver que se tratava de antigo alambaque. Era difícil levar um louco à loucura. Qualquer incitação poderia levá-lo a um ataque ainda mais prematuro.

Apopis observou que as tribos núbias adoravam os espíritos dos antepassados, dando-lhes comidas e bebidas para que não sentissem fome no outro lado da vida. Apopis encontrou a pessoa certa na figura de um sacerdote-rei chamado Chabataka. Agindo sobre ele e dando-lhe poderes além do normal, como a previsão de acontecimentos e o de poder mover objetos à distância, ele o fez chefe-geral das tribos esparsas da Núbia. Dessa forma, Chabataka atacou Sounou e passou todos na espada, e foi subindo o rio em direção a Téni.

Zékhen soube do ocorrido por um homem que conseguira sair a tempo, descendo o rio até Téni. Naquele tempo, a cidade de Téni era composta de duas partes, sendo uma em cada lado do rio. No futuro, ela seria dividida em duas cidades, Nekheb e Nekhen. Fazendo desaparecer a cidade, acabaria a influência dos reis tenitas e de suas longas dinastias.

Zékhen saiu com seu exército de cinco mil homens e foi enfrentar mais de dez mil núbios gigantescos. Duvidosa empreitada! Nârmer ia com o pai, comandando a guarda ouasetiana composta de quinhentos valorosos guerreiros escolhidos a dedo para compor uma tropa de elite que tinha como missão proteger o rei e seu filho.

Os exércitos se encontraram na margem ocidental, tendo o deserto da Líbia como flanco direito para os kemetenses e o rio Iterou como flanco esquerdo. Os núbios lançaram-se ao ataque, armados de paus, pedras, algumas lanças de ponta de madeira e uma completa desorganização. Não podia ser de outra forma, eram tribos diferentes, unidas por um homem incomum. No entanto, as guerras não são ganhas por taumaturgos, mas por homens de armas, treinados e motivados para a vitória.

A luta durou horas, com os núbios atacando feito leões loucos e os kemetenses flechando-os; nos poucos entreveros e melés que houve, souberam usar a espada, as lanças com pontas de cobre e as facas de sílex, altamente cortantes. Mas os núbios infligiram grande perda de homens a Zékhen.

Apopis havia conseguido o que desejava: retardar a invasão do Sul contra o Norte, dando precioso tempo para Antef. No fim da tarde, os núbios sofreram o pior revés, pois uma flecha lançada trespassou o pescoço de Chabataka, que caiu mortalmente ferido, vindo a morrer alguns minutos mais tarde. Os núbios ficaram apavorados, pois seu grande sacerdote, o invencível Chabataka, estava morto. Saíram em desabalada carreira, largando armas, feridos e mortos no campo de batalha.

Nârmer ficara muito impressionado com aqueles gigantes que pareciam não ter medo de nada. No meio da batalha, ele teve que se lançar contra o flanco dos núbios, pois eles haviam conseguido cercar Zékhen, que mais uma vez foi salvo pela perícia do filho. Zékhen, excessivamente impetuoso, havia atacado os núbios em seu centro e fora quase que completamente envolvido pelos flancos. Nârmer o socorrera em tempo, retirando-o do mortal abraço dos núbios, ao mesmo tempo em que trucidava grande parte deles, graças ao trabalho metódico da guarda ouasetiana.

Zékhen respirou aliviado quando os viu fugir, mas, após recuperar-se, viu que tinha perdido quase a metade de seus homens naquele combate. Eram perto de mil mortos e cerca de dois mil feridos, o que diminuía em muito seu efetivo. Ele não podia se lançar ao ataque do Norte com apenas três mil homens, pois sabia que Zékhen poderia mobilizar mais de dez mil. Ele havia perdido mais um ano, enquanto seu inimigo, sem que soubesse, havia se fortalecido por meio de magias tenebrosas.

Zékhen destacou Nârmer para perseguir os núbios a fim de que eles não voltassem contra ele e o atacassem na calada da noite. Nârmer partiu com sua guarda ouasetiana e mais um bloco de quinhentos homens, enquanto Zékhen e o restante dos homens se refugiavam em Nubt, para se recuperarem de um dia de fatigantes lutas.

Senimburê era um filho de felá que subira no conceito de Zékhen por ser valente, saber falar exatamente o que o rei queria ouvir e ser bajulador ao extremo. Espírito capelino de péssima cepa, não aceitou a vida simples do campo, indo para a cidade, onde alistou-se nos exércitos de Zékhen. Notabilizara-se sempre por uma truculência ímpar e um vigor inaudito. Era capaz de correr por horas a fio, levando mensagens e, especialmente, distorcendo-as, na medida de seu interesse. Desse modo, espíritos idênticos, ele e Zékhen, logo se ambientaram na mesma vibração peçonhenta de conquistas, depravações e assassinatos.

Senimburê já conseguira muita coisa, considerando-se que nascera simples felá e agora era um dos chefes de Zékhen. No entanto, ele queria mais do que já possuía, pois ambicionava um lugar proeminente no estado. Aos poucos, foi consolidando em sua mente que deveria ocupar o lugar de Zékhen.

Senimburê notou que o soberano era ciclotímico, mudando de humor com facilidade. Sempre que algo o incomodava, pensava em eliminá-lo ou, se fosse totalmente impossível, o rei fechava-se num mutismo e tornava-se apático, macambúzio e iracundo. Senimburê admirava Nârmer, mesmo sendo seu inimigo secreto, e sabia que, na ausência de Zékhen, Nârmer assumiria por direito. Agora, era preciso arquitetar adequadamente a morte de Zékhen, o que o faria ascender ao trono; depois, pensaria em como se livrar de Nârmer.

Para tomar o poder, era necessário mais do que eliminar Zékhen e Nârmer; era preciso ter a conivência dos guardas reais e dos administradores dos heseps. Ora, Senimburê era o chefe dos guardas reais e tinha grande prestígio junto aos seus comandados, devido ao fato de ter conseguido enormes pagamentos de Zékhen pela participação de sua tropa nas batalhas de Perouadjet, Zau e Djedu.

Senimburê sabia que o único capaz de impedir seu acesso ao poder era Nârmer, pois havia muito tempo que o herdeiro de Zékhen tornara-se uma figura querida e estimada. Os guardas ouasetianos, os mais poderosos da nação, o adoravam e os administradores o respeitavam, venerando-o pelas suas sábias e tranquilas decisões. Desse modo, Nârmer e Zékhen, ao desaparecerem no tumulto de uma guerra, deixariam o caminho livre para o ardiloso Senimburê, que pretendia também conquistar o Norte e dominá-lo.

Quando a batalha terminou, as tropas retrocederam até Nubt, onde os guerreiros se alojaram. Zékhen foi se alojar no templo do deus Sobek. O jantar servido pelos sacerdotes era frugal, não contendo bebidas alcoólicas. O diabólico Senimburê conseguira introduzir clandestinamente duas ânforas cheias de excelente vinho, que foi servido fartamente para Zékhen. Senimburê e seus cúmplices planejavam, inicialmente, asfixiá-lo e, depois, jogá-lo do balcão do seu aposento, caindo de uma altura de quinze metros, dando a impressão de que o monarca bebera demais e sofrera um lamentável acidente. Para tal, era preciso embebedar Zékhen, sem o que tornar-se-ia difícil dominar um homem tão forte quanto ele.

O mundo dos canalhas é repleto de traições, jogos duplos e interesses pessoais. Senimburê, chefe de uma camarilha corrompida, tinha também suas predileções. Ao assumir a chefia, um dos homens que fora preterido dera mostras de ter aceito o fato de ter sido repudiado, porquanto também desejara a posição. Tornou-se íntimo de Senimburê, vigiando-o e esperando pelo primeiro deslize para aproveitar-se do fato. Quando soube o que o chefe da guarda pretendia fazer, foi falar sigilosamente com Zékhen. Narrou-lhe tudo o que ouvira e especificara quando o crime deveria ser praticado.

Ora, Zékhen não tinha por que duvidar de seu comandante da guarda, todavia as graves acusações não poderiam ser desprezadas. Preferiu precaver-se e investigar com cuidado. Chamou cinco soldados que faziam a vigilância do templo de Sobek e pediu que esperassem escondidos em seus aposentos, atrás de um largo cortinado que separava dois ambientes.

Senimburê, sem suspeitar de que Zékhen fora avisado, tentou embebedar o rei, oferecendo-lhe sucessivas canecas de vinho que foram bebidas pelo monarca. No final da noite, Zékhen estava efetivamente um pouco embriagado, mas atento e quase certo da traição de seu chefe de guardas, que o levou para o quarto. Zékhen fingia estar mais bêbado do que realmente estava e, cantando, fazia os maneirismos de um ébrio. Quando chegaram aos aposentos, mal-iluminados, Senimburê e seus dois asseclas agarraram o rei e começaram a sufocá-lo. O monarca debateu-se por alguns segundos, enquanto os cinco guardas, troncudos e mal-encarados, entraram pela porta semiaberta dos aposentos ao lado e, com duas ou três fortes cacetadas, livraram Zékhen da morte por asfixia.

Um dos asseclas de Senimburê recebeu uma pancada tão forte na testa, que caiu morto, estirado no chão, com uma grande fenda na têmpora. O outro recebeu um golpe de clava no ombro, que mostrava agora uma fratura exposta e gritava de dor, contorcendo-se desesperado. Zékhen pegou a clava da mão do guarda e, virando-se para o homem que gritava, deu-lhe mais duas fortes cacetadas na cabeça, matando-o, enquanto esbravejava, colérico:

– Cala a boca, seu filho de uma hiena!

Senimburê fora agarrado e um dos guardas o tinha apunhalado na altura do abdômen. Dois homens o agarravam, enquanto ele, por sua vez, com os olhos exageradamente abertos de surpresa, dor e desespero, segurava seu ventre. Estava levemente curvado para a frente, respirando pela boca desmesuradamente aberta, ajoelhado. Os guardas o seguravam fortemente pelos braços enquanto Zékhen aproximou-se e perguntou-lhe:

– Quem deu ordem para me matar?

Senimburê não podia acreditar. Alguém o havia traído. Sua vida não valia mais nada; então, pensou, neste caso, levaria o maior número de gente com ele. E sôfrego, cheio de dores, enumerou vários de seus inimigos e alguns dos amigos para dar credibilidade à denuncia e, no final, quase afônico, incriminou nada mais do que Nârmer.

Zékhen, aturdido pela incriminação, olhou-o nos olhos e perguntou:

– Jura pelos deuses que Nârmer está envolvido nisso?

Senimburê sabia que um perjuro ficaria milhares de anos no inferno, só que não acreditava em vida após a morte e muito menos em inferno, portanto, com o pouco de vida que lhe restava, antes de entrar em estado de choque e coma profundo, disse, com a voz entrecortada:

– Ele foi o mentor de tudo. Ele deseja tornar-se rei de imediato e eu seria seu segundo em comando.

A verdadeira intenção de Senimburê ao denunciar amigos, inimigos e Nârmer era ferir Zékhen em seu amor-próprio e em seu orgulho. Demonstraria ao tirano que ninguém, nem mesmo seu adorado filho, o amava.

Zékhen, ainda segurando a clava, deu um grito de ódio e desceu a maça sobre a cabeça de Senimburê. Levantou e baixou a clava tantas vezes, descarregando seu ódio, que até os impassíveis guardas ficaram horrorizados com a massa esmagada em que o traidor se transformara. Subitamente, como se estivesse possuído da mais profunda tranquilidade, o rei saiu calmamente do quarto, depois de largar por terra a clava ensanguentada, dizendo:

– Joguem este traidor no rio. Não o quero sepultado.

Zékhen pensou bem e concluiu que o filho jamais havia se dado com Senimburê, inclusive tendo alertado para o excesso de truculência do chefete. Era óbvio que o canalha estava tentando incriminar todos e tentando ferir seu orgulho. Ele amava seu filho e sabia que seu filho tivera oportunidades de tê-lo deixado morrer por três vezes, sendo a última vez naquele mesmo dia, e não o fizera, salvando-o quando estava rodeado pelos demônios núbios. Nârmer era seu filho, seu herdeiro e ninguém o desmoralizaria impunemente.

Uma semana depois, Nârmer apareceu em Téni com seus homens. Eles haviam perseguido os núbios até depois da primeira catarata e, quando eles se embrenharam nas savanas, Nârmer achou sábio não continuar a perseguição em terra inóspita, desconhecida e sem mantimentos, sem um forte exército e um plano traçado de conquista. Retornou sobre seus calcanhares, regressando à casa. Soube da traição de Senimburê, ficou estarrecido e, quando o pai lhe reportou que ele o havia acusado, Nârmer ficou perplexo. O pai, no entanto, disse-lhe que não acreditara na acusação, depositando completa confiança nele. Nârmer estendeu-se por inteiro nos pés do pai e disse-lhe:

— O senhor é meu pai, meu rei e meu neter. Nesta terra, ninguém é mais importante do que o senhor e coloco minha vida em suas mãos.

O pai levantou-o e abraçou-o longamente. Ele confiava no filho.

As cheias chegaram, enchendo as terras negras do sagrado húmus que tudo vivificava. Era o tempo de *nili* – a cheia – e as lutas ficariam para o próximo ano. Agora tinham de esperar o rio descer para plantar o trigo, o painço, o linho e todos os legumes e frutas. Era tempo de abundância, e os homens disponíveis se dedicavam à vivificante atividade da agricultura, solicitando as benesses de Osíris, o deus da natureza, que tanto fizera pelo Kemet.

Quando Antef, finalmente, conseguiu juntar seu exército, Osíris reuniu-se com seus coordenadores e disse-lhes:

— Ambas as partes estão prontas para a luta fratricida que tanto lastimamos, mas que sabemos ser inevitável. Aproveitamos estas guerras para fazer evoluir e aprimorar tanto as pessoas como a sociedade. A guerra é um mal tenebroso, mas, como Deus, nosso amantíssimo Pai, usa o mal para dele extrair o bem, este flagelo também tem suas consequências positivas. Muitos dos inventos da guerra servem à paz, a medicina progride, os homens se organizam melhor, o sofrimento da coletividade os torna mais fortes. No entanto, quero que o Norte enfrente o Sul, sem o uso de forças trevosas tão bem-organizadas como estão agora.

— Realmente, mestre Osíris, Apopis conseguiu reunir uma extensa falange de obreiros do mal que estão organizados como se fossem um exército. Há chefes e subchefes, assim como espíritos terrestres embrutecidos, sendo treinados para serem obsessores.

Outro coordenador falou:

– Realmente, eles estão bem-estruturados; no entanto, basta capturar a cabeça e o resto do corpo irá se dissolver.

– Também creio nisso. Por isso quero que providenciem a captura de Apopis, de um modo espetacular. Ele tem que ser capturado em público, perante suas coortes, e levado de maneira grandiosa. Dessa forma, os obreiros do mal saberão que não podem fazer o que quiserem impunemente. Deverão receber exemplar e inequívoca demonstração da força do bem.

Osíris estava correto em suas assertivas. Se Apopis fosse capturado na surdina, seus seguidores se revoltariam e gerariam um grande escândalo no mundo astral, atacando os renascidos de forma indiscriminada. Eles tinham que ser assustados. Os principais chefes de Apopis também deveriam ser capturados.

– Para tal, a melhor forma é solicitar a ajuda de Kabryel, pois ninguém melhor do que ele sabe lidar com os alambaques.

Osíris concordou. Ele procuraria falar com Kabryel, seu chefe imediato.

Alguns dias depois, quando o exército de Antef estava a ponto de sair do delta para atacar o Sul, Apopis reuniu seu próprio exército de espíritos dementados para divulgar o fato e o que eles podiam esperar: muito sangue, muito fluido vital e oferendas a não mais poder.

Naquele instante, quando Apopis, cheio de pompa, estava cercado de seus principais chefes de falanges, deu-se um estrondo fabuloso, seguido de seis explosões que levantaram nuvens cinza-prateadas. Os espíritos dementados ficaram pasmos com tal fato e estacaram onde estavam.

De dentro das nuvens apareceram figuras altas, de mais de cinco metros, completamente prateadas. Subitamente, houve uma explosão no centro dos espíritos prateados e apareceu o chefe da falange dos arcanjos, numa nuvem dourada. Os demais vestiam uma túnica que ia até o joelho, tendo uma armadura prateada no peito e, na mão, uma lança de prata. O chefe da falange angélica tinha uma armadura dourada e na sua mão, ao invés de uma lança de prata, tinha uma espada de fogo.

O chefe era um espírito da falange de Kabryel, chamado Samangelaf, que falou, com uma voz tonitruante:

– Demônio Apopis, você está sendo preso em nome do Deus Altíssimo. Suas façanhas chegaram ao fim. Você e seus chefes serão levados ao julgamento dos quarenta e dois juízes do Duat e presos pela eternidade, para sofrerem agonia mortal.

Samangelaf apontou a espada de fogo e dela saiu um raio que atingiu Apopis. Cada um dos falangeiros do bem apontou suas lanças que emitiram raios prateados em volta dos principais demônios e de Apopis, aprisionando-os numa teia de luz. Os raios foram rodeando Apopis e seus chefes, prendendo-os numa forte teia magnética da qual eles não poderiam fugir. Os demais capangueiros do mal olhavam aquela cena, tomados do mais puro terror, enquanto Apopis gritava por socorro: – Ajudem-me. A teia magnética, tecida em redor dele, tinha sido feita para dar-lhe tempo de gritar antes de ser desacordado e levado para outra dimensão espiritual, onde seria aprisionado e devidamente tratado como o celerado e doente que efetivamente era.

Toda aquela cena de força e poder fora feita para impressionar as centenas de espíritos que acompanhavam Apopis. O susto e o medo da demonstração de força eram tão grandes que eles iriam, por si próprios, procurar o caminho da redenção.

Após gritar por alguns segundos, Apopis desapareceu no meio de um turbilhão de luz que cegou os presentes. Naquele momento, o anjo vestido de ouro falou para os demais:

– Arrependam-se de seus crimes, senão vocês serão os próximos a serem levados.

Após esta advertência ameaçadora, os sete anjos desapareceram sob turbilhões de luzes, explosões e barulho ensurdecedor. Naquele momento, os presentes, tomados do mais vivo pânico, largaram tudo e saíram em desabalada correria, crendo que era chegada a hora do julgamento final e que o fim do mundo estava próximo, dispersando-se por quilômetros.

Era chegado o fim da influência de Apopis sobre Antef. Ele estava agora sozinho para enfrentar seu destino.

Antef havia, portanto, conseguido, por meio de seus horríveis sortilégios, reunir os homens para formar seu exército. Zékhen foi avisado e mobilizou-se o quanto pôde, mas estava enfraquecido. Teria que lutar com menos da metade dos homens de que o Norte dispunha. Ele chamou Nârmer e seus principais oficiais e, em poucas palavras, explicou a situação. Ele estava visivelmente abatido; suas chances de vitória eram fracas. No entanto, Nârmer, sempre bem-humorado, falou:

– Meu rei, vejo com bons olhos esse ataque.

Todos o olhavam perguntando-se aonde queria chegar o jovem príncipe com aquela alocução. "Será que ele está satisfeito com esta invasão?" "Será ele um intimorato sem consciência do perigo?" "Ou um alucinado que se compraz com o sofrimento alheio?"

Nârmer explicou-se em poucas palavras:

– Lembro-me do último ataque que aconteceu há oito anos. Os nortistas são realmente superiores em número, mas viajam sem comida, sem nenhum tipo de mantimento. São desordenados e indisciplinados. Além do que, vão cometer o mesmo erro que nós cometemos, pois pensam em se manter da terra que conquistarem. Nós sabemos como é duro quando não se encontra alimento disponível. Além disso, eles conhecem pouco as nossas terras. Não sabem o quanto é longo o caminho até a primeira catarata.

– Qual é o seu plano?

Nârmer aconselhou que usassem a mesma estratégia do passado, quando Zékhen derrotara Antef na batalha de Uadi El-Tarfa.

Antef vinha com uma tropa mais ordeira e não fora idiota de atacar o Sul sem mantimentos. Nârmer subestimara o inimigo, mas sua tática estava certa. Ele não podia enfrentá-los em campo aberto com a metade dos homens; desse modo, resolveu que iria emboscá-los, atacando e fugindo. Para tal, ele usava o rio e o deserto. Zékhen mordia a frente do exército com o grosso da tropa, atacando rapidamente a frente e os flancos, retirando-se rapidamente para se reagrupar alguns quilômetros mais atrás. Enquanto isso, Nârmer atacava a retaguarda, especialmente tentando destruir os víveres e tocando fogo nas poucas carroças e nos barcos que remavam ao lado do exército principal.

Antef, no entanto, não era tão estúpido quanto havia previsto o jovem Nârmer, pois ele colocara seus víveres e mantimentos em embarcações, que ficavam fora do alcance dos flecheiros. Desse modo, Nârmer teve que mudar de tática. Notando que, quando o sol se punha, as embarcações atracavam nas margens, para que fosse descarregado parte de seu fardo para servir os homens, passou a atacar as embarcações de madrugada.

Os ataques-relâmpago de Nârmer não produziam grande destruição, contudo fustigavam o inimigo, exigindo que eles redobrassem a vigilância.

No oitavo dia da invasão, Antef já estava ficando apreensivo, pois fazia quatro dias que ele era rapidamente atacado e o inimigo fugia quando o contato se fazia mais intenso, evitando uma refrega mais dura. Ele queria uma batalha campal de grande porte na qual poderia colocar seus quase dez mil homens contra as forças do Sul, mas Nârmer havia conseguido convencer o pai a enfraquecer primeiro o moral da tropa invasora.

A partir do oitavo dia, à noite, Nârmer começou a introduzir alguns bons flecheiros dentro do acampamento principal e, quando uma trompa ecoava a certa distância, acordando todo o acampamento, as setas acertavam os homens. Esta tática produzia um pânico enorme e, mesmo que os feridos fossem poucos, o moral dos homens caía a olhos vistos. Para eles, atacar o Sul não era importante. Eles não viam com bons olhos a aventura de Antef, que lhes era particularmente antipático. Já para os sulistas era vida ou morte e, se Zékhen era tolerável, Nârmer era extremamente querido.

No vigésimo dia de marcha, sob um sol causticante, com um calor muito mais forte do que os nortistas estavam acostumados no delta do Iterou, eles chegaram à primeira cidade importante, Khmounou, a cidade de Djhowtey. A cidade ficava nas margens ocidentais do Iterou e obrigou o exército a cruzar o rio em embarcações, o que tomou o dia inteiro. No final do dia, a maioria do exército estava nas margens ocidentais enquanto um grupo pequeno ficara para passar no outro dia.

Zékhen atacou, com o grosso de sua força, os remanescentes que não puderam passar, cerca de seiscentos homens, e os esmagou nos primeiros albores do dia. Todos foram passados na espada, sem dó nem consideração pela posição social.

Para Antef, fora uma conquista de polichinelo, pois a cidade estava abandonada, sem um único morador, sem comida e sem água. Antef resolveu descansar da longa caminhada por alguns dias. Soube dos ataques à sua retarguarda e ficou furioso, tendo um ataque de nervos de tanto ódio.

Enquanto Antef sapateava de raiva, dando vazão à sua ira, Zékhen se encontrava com o filho, que não via desde o início da invasão, pois um estava fustigando a vanguarda do inimigo, enquanto o outro fazia o mesmo com a retaguarda.

– E agora, Nârmer, qual é seu plano?

Zékhen estava a sós com o filho, olhando para a cidade de Khmounou, por cima do Iterou. Gostava de ouvir o jovem, que sempre tinha boas ideias. Nârmer pensou um pouco e lhe disse:

– Temos que fazer um esforço para que eles fiquem ilhados. Temos que atacar seus botes e afundá-los.

– E como pretende fazer isto?

– Vamos atacar de madrugada, com o raiar do sol. Mandaremos alguns homens em nossos botes e atacaremos os sentinelas e iremos, ou botar fogo nos botes, ou liberá-los para que o rio os leve à deriva.

– Ou melhor ainda, Nârmer. Vamos capturá-los, pois botes bons assim são raros e são encontrados apenas no delta, graças aos papiros, que lá são abundantes.

– Boa ideia, meu pai. Mas para que isso possa ser feito, temos de distraí-los. Que tal você atravessar o rio mais acima e atacar a cidade pelo outro lado? Desse modo, Antef irá sair com todo o exército e irá se descuidar dos botes. Enquanto isto, eu os ataco e capturo as embarcações.

– É uma boa ideia, mas podemos melhorá-la ainda mais. Eu apareço com parte do exército e os incito à luta e, no momento em que eles me atacarem, eu recuo. Eles me seguirão até o início das escarpas que dão para o deserto ocidental e de lá o grosso do meu exército irá flechá-los à vontade, enquanto eles tentam escalar as falésias.

Zékhen e Nârmer estavam de acordo. Mo decorrer do dia, movimentaram suas tropas, sendo que o rei levou seus quase cinco mil homens e o príncipe levou sua guarda ouasetiana para as margens do Iterou.

No outro dia, pai e filho cumpriram sua parte. Nârmer conseguiu pegar os sessenta e tantos botes, levando-os embora, subindo a correnteza. Zékhen atacou com fúria, mas não seguiu seu próprio plano. Na hora da batalha, ele se empolgou e achou que poderia destruir Antef, mas o nortista não era idiota e não caiu em sua armadilha. Lembrou-se de quando viera oito anos atrás e Zékhen o atraíra para o mesmo tipo de emboscada. Ele fez por sua vez um movimento rápido de pinça, lançando seus flancos contra o centro, onde estava Zékhen. Este viu o movimento das tropas, mas, achando-se invencível, estacou e esperou o ataque.

A luta foi renhida por algumas horas e ambos os lados já estavam exaustos. O Norte estava perdendo um pouco mais de homens do que Sul, pois estes eram melhores combatentes. No entanto, quando deu meio-dia, Zékhen sentiu que seus flancos estavam expostos demais e resolveu retroceder com calma e ordeiramente em direção às falésias, onde poderia se proteger melhor e sumir nas areias do deserto ocidental que eles conheciam bem.

Antef começou a empurrar suas tropas, tentando evitar a fuga de Zékhen para as falésias que margeavam a certa distância o Iterou. Mandou um agrupamento de flecheiros cortar a retirada de Zékhen com uma chuva de flechas, que começou a dizimar os sulistas. Era a primeira vez que Antef estava levando vantagem. Já havia perdido mais de mil e quinhentos homens desde que começara sua aventura de conquistar o Sul. Agora era a hora da desforra, e ele não ia querer perder essa oportunidade maravilhosa.

Zékhen sentiu que sua posição era insustentável e muitos homens já estavam debandando sem nenhuma ordem ou tática. Era um corre-corre para não morrer. Zékhen deu ordens para uma retirada rápida que, no meio do fragor da luta, virou uma desabalada debandada.

Zékhen, com quarenta anos, já não tão jovem, foi ficando para trás na corrida desenfreada para chegar às falésias, quando sentiu um dor aguda nas costas. Uma seta certeira o havia atingido na altura dos rins. Ele caiu, rolando entre as primeiras pedras da falésia. Dois de seus guardas pessoais o agarraram com força e sem nenhuma gentileza e o levaram para o topo da falésia.

Parte do exército de Zékhen reestruturou-se rapidamente no topo da falésia, onde eles se sentiam mais seguros, e os flecheiros, que não haviam participado da batalha, começaram a flechar os atacantes, enquanto o grosso do exército de Zékhen, que não tinha arco e flecha, se reagrupava.

Os nortistas estacaram e tiveram medo de subir as escarpadas falésias, parando no pé, e não obedeciam mais as ordens de Antef, que viu sua vitória definitiva escapar. Nesse momento, ele soube que sua vitória tinha sido parcial, pois os botes com víveres, flechas e outros suprimentos haviam sido capturados. Antef ficou tão completamente enlouquecido, que chegou a se ferir com sua própria espada. Sua cólera foi tamanha que, após dez minutos de bramidos, impropérios, conjurações e maldições a Zékhen, ele se feriu de raspão na cabeça, após sacudir a própria espada como se fosse um estandarte.

O sangue correu da ferida. Ele mesmo assustou-se com a profusão de sangue e parou com o espetáculo de loucura por que fora possuído. Havia perdido a chance de esmagar o exército de Zékhen em Khmounou e, ainda por cima, estava ilhado em território inimigo, sem comida e armas para repor as perdidas e gastas. Só lhe restava uma coisa a fazer: uma retirada estratégica até a cidade de Kenem-Nesout, pela qual ele havia passado ao largo, por considerar que a travessia do Iterou, naquele lugar, não lhe era favorável. Era a cidade mais próxima para se refugiar. De lá, ele poderia mandar vir reforços, víveres e suprimentos.

O exército de Antef recuou beirando o rio e depois deslocou-se em direção ao canal Bahr Yussef, construído por Ptah, seguindo cada curva e procurando caçar para alimentar-se. Levaram uma semana para alcançar Kenem-Nesout, mas a cidade estava deserta. Seus habitantes, previamente avisados, abandonaram a cidade, deixando para trás comida estragada e animais mortos dentro dos poços. A população da cidade partira para a depressão do Sheresy.

Nârmer atendeu ao pai, que estava gravemente ferido. Haviam retirado a flecha das costas dele e fora cauterizada a ferida com cobre em brasa. Zékhen ardia em febre e Nârmer deu ordens para levá-lo para Téni, enquanto ele reunia o exército e marchava atrás de Antef. Ele não queria guerrear ainda com o nortista, mas apenas se assegurar de que ele não iria fazer de conta que partira para, num estratagema, retornar, enquanto todos achavam que ele havia partido.

Kenem-Nesout era uma cidade pouca coisa maior do que uma aldeia, com casas quadradas, construídas de barro. Os telhados eram feitos de travessões cobertos de barro. Algumas casas eram feitas de palha para abrigar os animais. Nârmer conhecia cada cidade do Sul, pois ele fora o cobrador do tributo, portanto sabia que aquela cidade tinha dois grandes poços d'água e que eles estavam estragados devido à carcaça de animais mortos, obrigando os nortistas a beberem a água do canal Bahr Yussef.

As forças de Nârmer eram em menor número do que as de Antef, mas estavam mais bem situadas, barrando as saídas da cidade. Antef estava cercado em terreno hostil e sem suprimentos. No terceiro dia apareceu uma febre estranha entre os homens de Antef, que vomitavam muito e defecavam água. No quarto dia, muitos estavam morrendo e, ao final do dia, um terço do exército de Antef já não existia mais. Os sadios ficaram apavorados com a estranha doença que os minava a olhos vistos e pressionaram Antef para saírem da cidade.

Antef reuniu seus comandantes e ordenou que atacassem a posição norte da cidade, por onde eles passariam de volta para o delta do Iterou. Os dois terços ainda sadios se concentraram no raiar do dia e atacaram a posição de Nârmer, que não ofereceu muita resistência, deixando os atacantes passarem. Os nortistas não sabiam que, indo para o norte, teriam que atravessar o canal Bahr Yussef, o que não era fácil sem barcas. Mas Antef pouco se importava com isso, pois aquele ataque fora uma diversão para distrair os sulistas, enquanto ele fugia rapidamente para o norte, dentro de um pequeno bote encontrado na beira do canal. Seguindo o curso do canal, ele iria dar em Zau e dali para Perouadjet seria rápido. Portanto, enquanto seus homens eram cercados perto da depressão do Sheresy, ele fugia covardemente para sua casa.

Nârmer não teve dificuldades de cercar o exército combalido e desmoralizado de Antef e dirigiu-se para os poucos comandantes que ainda restavam, mandando-lhes uma mensagem.

– Rendam-se e receberão tratamento de irmãos, como, aliás, somos todos, filhos do mesmo dadivoso rio. Por Osíris e Rá, manterei minha palavra e não levantarei minha espada para ninguém que me tratar como irmão e príncipe.

Não houve muitas delongas, pois, quando os nortistas descobriram que o maldito Antef os havia abandonado, renderam-se jubilosamente.

O Norte, entretanto, estava longe de ser vencido, pois ainda havia muitos homens disponíveis para que Antef fizesse um novo exército. Nârmer teve que se contentar em passar os meses seguintes negociando o resgate dos nobres e dos soldados mais ricos, pois o Norte não desejava pagar um centavo sequer pelos soldados pobres. Nârmer recebeu uma pequena fortuna pelos resgatáveis e ficou num impasse: devolvia os soldados pobres ou os vendia como escravos. Se os devolvesse, teria que enfrentá-los novamente numa outra guerra. Se os transformasse em escravos, iria contra uma de suas mais íntimas convicções, a de que ninguém devia ser escravo. Resolveu a situação, mais tarde, dando-lhes terras em Sheresy, impedindo que retornassem ao Norte e voltassem a enfrentá-lo no futuro.

Nârmer sabia que teria que conquistar o Norte. Não havia forma de conviver com um inimigo superior em armas e gente, que todo o ano tentaria vencê-lo e conquistá-lo, até que conseguisse. Era preciso fazer uma guerra rápida e certeira que possibilitasse unificar as Duas Terras.

Nârmer voltou para Téni, para encontrar o pai em estado lastimável. Sua ferida havia gangrenado e a morte estava rondando seu leito. Nârmer tentou falar com o pai, mas ele estava com tamanha febre que não falava coisa com coisa. Lá pelo terceiro dia de sua volta, Nârmer foi chamado às pressas para o quarto do pai. Encontrou as quatro mulheres de Zékhen, inclusive sua mãe, além de seus quatorze irmãos e irmãs. Todos estavam chorando penalizados e Nârmer viu que seu pai repousava quieto. A primeira impressão era de que ele havia ficado bom – era este o desejo de Nârmer –, mas a realidade dura logo se interpôs entre ele e suas fantasias, pois Zékhen estava morto.

Haishtef estava na cabeceira da cama e levantou-se assim que o viu entrar. O sacerdote o pegou pela mão, levou-o até a porta da casa e disse com sua voz forte, para que todos que estivessem no pátio escutassem:

– O coração de Zékhen parou de bater. Foi chamado a prestar conta de seus atos a Osíris. Agora ascende ao trono o seu legítimo sucessor, seu filho Nârmer.

A multidão, composta de felás, operários, soldados e guerreiros, gritou uníssona, como se tivesse ensaiado longamente:
– Salve Nârmer! Salve o novo rei do Kemet!

Capítulo 7

Nârmer tinha determinado o que deveria fazer e o que não deveria, durante os longos e monótonos meses de invasão da água do Iterou. Não deveria sair de Téni com um exército feito às pressas. Não poderia viver dos alimentos colhidos ou caçados durante a campanha. Fixaria objetivos muito claros e iria persegui-los. Tomaria as três grandes passagens do Iterou no delta. Banebdjedet, Djedu, Zau e Perouadjet deveriam ser assaltadas e dominadas. O inimigo deveria ser tratado como irmão, com exceção de Antef, que devia ser vencido e, de preferência, morto. Os felás nortistas seriam instados a viajar para o Sul, onde havia terras disponíveis e uma grande reforma na administração dos heseps deveria ser encetada.

Nârmer tinha um grupo de amigos que sempre o ajudara. Agora, esse grupo tornava-se vital para a implantação da estratégia de Nârmer. Eles haviam determinado que Téni era muito distante para abastecer um exército em movimento. Deveriam instalar-se numa área mais próxima do delta. Pensaram inicialmente em On, mas ela era muito vulnerável. Nârmer temia que a cidade poderia se tornar um alvo fácil de ataques dos nortistas. Seria ideal que tivessem uma fortaleza. Um local puramente militar onde não corresse o risco de ver civis, mulheres e crianças serem trucidados por forças adversárias.

On, a cidade fundada por Ptah e Aha, ainda estava sendo reconstruída, e Nârmer não queria correr o risco de vê-la sob ataque novamente. Um pouco mais ao sul, do lado ocidental do rio, existia um pequeno planalto, onde, nas enchentes, a terra conseguia manter-se bem acima do nível d'água. Um dos amigos de Nârmer havia observado o local e concluíra que seria o lugar mais apropriado para se fazer uma cidade.

Nârmer e seus amigos deslocaram-se em plena cheia máxima do Iterou e visitaram o lugar, que se destacava como uma carapaça de tartaruga. Nârmer achou-o excelente, porém calculou que, no ano em que a cheia fosse um pouco maior, aquela porção mínima de terra ficaria totalmente submersa. Os seus amigos retrucaram:

– Nârmer, não há problema. Só usaremos um único ano mesmo. Temos que ganhar a guerra no primeiro ano ou teremos um desgaste tão grande que não poderemos manter o exército em luta.

– Discordo de sua asserção, meu caro Ahmes. Mesmo que venhamos a ganhar a guerra no primeiro ano, o que acho difícil, teremos que manter o Norte sob a mira de nossas tropas. Precisamos de um lugar próximo ao delta que impeça os nortistas de passarem para nos atacar em Tihna ou Ouaset. Lembre-se de que vencemos este ano por pura sorte. No futuro, se nos atacarem, já conhecerão esse estratagema e não serão derrotados por alguns arqueiros bem postados.

– Poderíamos fazer como fez Osíris. Uma capital no Norte.

– Agora quem discorda sou eu, meu caro Neheb – disse Ahmes. – Na minha opinião, Osíris foi imprevidente, vivendo no covil do chacal o tempo todo. A ideia de Nârmer é boa. Se conseguíssemos um local onde pudéssemos construir uma praça forte e estacionar um exército, poderíamos fiscalizar tanto o Norte como o Sul.

E fazendo um maneirismo com a cabeça, Ahmes, complementou:

– Nunca se sabe se o Sul não poderá um dia se revoltar.

– Contra Nârmer, nunca! – redarguiu Sanakt, outro dos ministros de Nârmer.

– Não contra Nârmer, mas contra outro rei – disse Ahmes.
– Sim, vocês têm razão. É preciso ser precavido. Não se conhece o dia de amanhã. Entretanto, só podemos pensar numa fortaleza após a vitória. Que seja este o local até que tenhamos vencido e depois poderemos pensar em outra coisa.

E assim ficou decidido que aquele lugar seria chamado de os domínios de Meni – Menefer –, pois era ali que Nârmer desejava fundar seu reinado.

Alguns dias mais tarde, Ahmes e Sanakt estavam reunidos com Nârmer para determinarem uma série de providências a serem tomadas.

– Pensei nesses dias e desejo fazer um exército pequeno, de grande mobilidade, que possa atacar e se retrair com facilidade. Estou inclinado a ter cinco mil homens bem-treinados e armados que possam me ajudar a atacar o Norte.

– Meu rei, tenho receio de que seja muito pouco. Ouço nossos espiões falarem que os nortistas desejam articular uma força de trinta mil homens.

– Para quem não sabe ler nem escrever, qualquer número acima de mil, vira trinta mil – disse Nârmer, sabendo que o Norte poderia reunir tal efetivo, só que não teria armas nem chefes guerreiros para comandá-los.

Desde o início, com Aha e depois com os demais reis, inclusive com Osíris, tanto do Sul como do Norte, não existira um exército regular. Havia guardas para locais específicos, como templos e palácios, e, quando uma guerra era iniciada, juntava-se um amontoado de pessoas que ia combater por uma determinada causa. Assim que terminava, eles voltavam a seus afazeres.

Nârmer desejava ter uma hoste treinada, regular e única. Ninguém mais poderia ter exércitos ou reunir forças de combate para enfrentar inimigos internos ou externos. Nârmer manteria a paz e poderia intervir contra qualquer homem ou força que quisesse derrubá-lo.

– Será que eles não poderão juntar trinta mil homens contra nós?

— Poderão, mas isso não impedirá que os vençamos, se tivermos maior mobilidade, eficiência e poder de ataque. Escutem o que desejo fazer.

Durante um pouco mais de meia hora, Nârmer explicou sua estratégia. Inicialmente, recrutaria os homens mais fortes entre os jovens. Queria homens fortes e decididos, mesmo que não tivessem experiência de batalhas. Não desejava camponeses que tinham que trabalhar no campo e, nas horas vagas, lutar. Poderiam ser filhos de camponeses, porém deveriam dedicar-se exclusivamente ao combate, como já o fazia a guarda ouasetiana que tanto se destacara nas batalhas.

A razão de tamanho sucesso nos combates era a especialização. Era fundamental especializar cada combatente. Uns eram bons com o arco e flecha; outros, com machados e espadas; e outros, ainda, com lanças. Dividiu os combatentes em grupos de dez homens que seriam comandados por um décimo-primeiro, uma esquadra. Cada grupo de três esquadras seria comandado por mais um homem, formando uma companhia. Cada grupo de três companhias teria seu comandante, formando uma centúria. Os romanos fariam a mesma disposição, dois mil anos depois. Uma centúria poderia operar como uma unidade e, se fosse necessário, desmembrar-se-ia em três grupos, e esses, em mais três.

Cada centúria teria trinta arqueiros, trinta espadachins e trinta lanceiros, além dos comandantes que lutariam com espadas. Os homens de lanças levariam machados ou clavas como armas adicionais. Eles seriam a base da defesa. Se fossem atacados, os lanceiros ficariam na frente, segurando os atacantes, perfurando-os com suas armas pontiagudas. Deveriam ser, portanto, os mais fortes, assim como na guarda ouasetiana. Os espadachins deveriam ser os mais ágeis, já que Nârmer pretendia colocar os grupos com espadas sempre pelos flancos. Enquanto os lanceiros segurariam o grosso do ataque, os espadachins semeariam o terror e a confusão, com ataques pelos flancos e retaguarda. Finalmente, os arqueiros deveriam estar sempre postados atrás dos lanceiros para serem protegidos por esses e lançarem suas setas por cima das cabeças dos defensores, indo cair nas fileiras inimigas.

Para completar essa formação tática, Nârmer, que não tinha cavalaria nem a conhecia, desejava atacar sempre a partir do rio. Poderiam descer em botes suficientemente grandes para caber três esquadras de dez homens – uma companhia – atacando os lugares indicados e, se fosse preciso fugir, voltariam para os botes que os levariam para o meio do rio, evitando as flechas inimigas. Por outro lado, toda a alimentação poderia ser trazida pelos botes, além de barcos complementares. Como as cidades do delta eram todas ao lado de algum braço do Iterou ou de algum riacho, poderiam obter bons resultados com essa tática anfíbia.

Seus amigos estavam exultantes com essas novidades e agora poderiam estabelecer uma série de providências para a guerra contra o Norte. Qualquer ataque terrestre deveria ser feito entre os meses de novembro a abril. Nos outros seis meses haveria água em excesso. Se Nârmer fizesse uma operação anfíbia, poderia atacar em julho ou agosto, quando as águas começavam a baixar. Eles estabeleceram um cronograma bastante apertado.

Estavam em outubro e teriam quase um ano para executar todas as atividades. Era tempo de sobra para qualquer um, mas não para um perfeccionista e detalhista como Nârmer. Era preciso recrutar de doze a quinze mil homens para dali retirar cinco mil infantes. Treiná-los-ia durante, no mínimo, três meses, em combates singulares e mais três meses em marcha unida, uma invenção de Sanakt. Para complementar, precisava construir cerca de cento e oitenta barcos para transportar sua tropa.

Fora feito um levantamento que constatou só haver quarenta barcos suficientemente grandes para carregar trinta e poucos homens, cuja maioria havia sido capturada dos próprios nortistas em Kenem-Nesout. Portanto, teriam de ser fabricados mais de cento e quarenta barcos. Isso exigia um esforço em construção naval como nunca tinha sido feito. Os melhores barcos eram produzidos em Sheresy; consequentemente, era para lá que convergiriam os melhores esforços nesse sentido. Havia, contudo, um problema sério, pois os papiros, matéria-prima usada para construir os barcos, encontravam-se no Norte; assim, as averiguações preliminares mostraram que não haveria matéria-prima suficiente para tantas embarcações. Tudo isso sem mencionar que demandaria um esforço considerável para os poucos construtores, na maioria pessoas que fizeram um ou dois botes para uso próprio.

Nârmer encontrou uma ótima solução. Sem informar a razão, destacou seis grupos de quatro homens e enviou-os semanalmente para alguma cidade no Norte para comprar botes grandes, além do tamanho normal, que pudessem carregar trinta ou mais homens. Esses grupos, treinados para falar com o sotaque do Norte, muito mais gutural do que o do Sul, trouxeram, durante três meses, cerca de setenta embarcações. Sem saber o que estava acontecendo, o Norte, mais industrializado e desenvolvido, estava fornecendo material estratégico para o Sul.

As melhores minas de cobre estavam no Sul, portanto Nârmer, além de explorá-las ao máximo, tomava cuidados para que o Norte não pudesse comprar cobre dele, como comprava botes dos nortistas. Com a exploração de cobre, aumentou a produção de clavas, machados, espadas, pontas de lanças, dardos e setas. Houve um esforço concentrado para a produção de flechas, porquanto Nârmer não queria ficar sem munição, como Zékhen quase ficara na batalha de Tihna, perto do Uadi El-Tarfa. Nârmer era um detalhista ao extremo, tendo mandado testar vários tipos de setas. Sabia que existiam vários modelos de arcos e acabou optando por um médio, que arremessava a seta até trinta metros, com precisão, permitindo que um homem normal lançasse até doze a quinze flechas, sem mira, por minuto.

Durante os meses de novembro a abril, foram confeccionadas perto de cem mil flechas, tanto para os exaustivos treinamentos como para as batalhas. No treinamento, mais da metade das setas era recuperada para ser usada até cinco a seis vezes; depois disso muitas ficavam tortas. Os dardos, lanças mais curtas, que eram arremessados, foram substituídos por lanças maiores, feitas para espetar o inimigo a uma distância de dois metros e meio ou mais. Isso impediria que os espadachins nortistas se aproximassem demais.

O nortista tinha uma forma diferente de lutar. Ele preferia o dardo que, após ser lançado, o obrigava a lutar desarmado ou com uma espada. Contra o lançamento de dardo, Nârmer e seus colaboradores pensaram num escudo feito de madeira e cipó entrelaçado que seria carregado no braço esquerdo e colocado à frente do corpo, quando o dardo fosse arremessado, anteparando-o. Mais tarde, passaram a usar um couro esticado sobre uma estrutura leve de madeira. A lança seria carregada pelo braço direito. Os homens não tinham costume de lutar com escudos, por isso Nârmer desejava que os lanceiros tivessem um treinamento mais intenso do que os demais. A base do seu exército seria o lanceiro, sendo que os flecheiros serviam para os combates a maior distância e os espadachins, para os entreveros. Não havia cavalaria nem carros de combate, como na Suméria.

Nârmer organizou vários grupos para conseguir homens que seriam inicialmente submetidos a testes de aptidão física, para depois serem avaliados e feita a separação, de acordo com uma classificação específica que o grupo de Nârmer fizera. Para não chamar a atenção dos espiões nortistas, os grupos foram separados e apresentados numa aldeia perto de Téni, durante os meses que antecederam.

Em final de novembro, os cinco mil já estavam separados, assim como os chefes, os comandantes e cabos. Os cabos e comandantes, que coordenavam, respectivamente, os grupos de dez, de trinta e de cem, foram trazidos dois meses antes do grosso da tropa e longamente treinados tanto nas manobras como no que se desejava que eles fizessem com suas tropas. Além disso, havia trinta treinadores, trazidos da guarda ouasetiana, que ensinaram aos cabos e aos comandantes o tipo de luta que Nârmer queria.

Em dezembro, Nârmer reuniu sua tropa em Menefer, e foi dado início ao treinamento. Durante meses, os homens treinaram subir e descer rapidamente dos botes e ajudar os marinheiros a remarem rápidos com estacas que empurravam o bote rio acima contra a correnteza. Aprenderam a fazer formações especiais e, sobretudo, a obedecer ao toque da trombeta, uma variação aperfeiçoada do corno. Havia vários toques: atacar, recuar, abrir saraivada de flechas, e assim por diante.

Nârmer nunca esquecera como foi duro andar em terras estrangeiras com a barriga vazia, quando da marcha entre Zau e Djedu, com Zékhen. Desejava cada vez mais garantir os víveres. Menefer, a fortaleza construída, era constituída de uma série de barracos feitos de barro, com algumas tendas onde os comandantes dormiam, enquanto a soldadesca descansava ao relento. Num conjunto de casas, pequenas e mal-ajambradas, fizeram um depósito de alimentos e um cercado de carneiros. Nârmer queria ter certeza de que não iria depender dos alimentos do Norte para sobreviver, durante o ataque.

Os meses de janeiro até abril foram os mais tensos possíveis para os nortistas. Os espiões lhes informaram que Nârmer reunira uma poderosa tropa na entrada do delta, no médio Kemet. De acordo com os cálculos dos comandantes militares do Norte, que eram muitos e desunidos, Nârmer atacaria antes das cheias e, por isso, procuraram organizar a defesa de suas cidades. Quando a cheia de maio veio, forte e decisiva, eles concluíram que Nârmer não iria atacá-los, tendo colocado aquela força naquele local mais para proteger-se e evitar um novo ataque de surpresa a Téni. Podiam desmobilizar suas forças; ninguém em sã consciência iria atacá-los enquanto as águas estivessem altas.

Em junho, as águas ficaram mais calmas, permitindo que os botes pudessem descer o Iterou, sem perigo. Os campos ainda estavam cobertos de água e lama, só deixando de fora as pequenas ilhas, que eram as aldeias e cidades importantes. Nârmer embarcou sua tropa às quatro horas da manhã, desceu o rio e, quatro horas depois, atracava em Zau com três mil homens lestos e determinados. Os barcos encostavam no cais, deixando trinta a quarenta homens que não levavam mais do que vinte segundos para descer. Os botes afastavam-se rapidamente para dar espaço a outras embarcações e, em menos de cinco minutos, o exército de Nârmer estava dentro da cidade, em formação cerrada, com os escudos à frente, as lanças abrindo caminho e os flecheiros prontos para lançar suas setas contra qualquer resistência armada.

O comandante de Zau, tomado de surpresa, quando ainda dormia nos braços de suas concubinas, levantou-se, conseguiu juntar umas duas dúzias de guardas tão aturdidos quanto ele e foram lutar contra a tropa invasora. O combate durou menos de dez minutos, com a guarda local subjugada, o comandante morto e o restante entregando-se. Não havia como fugir da cidade, a não ser de bote, mas as águas estavam altas e o cais dominado pelas forças sulistas. Zau caiu em menos de meia hora e seu governador foi trazido cabisbaixo à presença de Nârmer.

Nârmer fez um sinal majestático para que se sentasse e colocou vinho em duas taças:

– Meu amigo e irmão, saúdo-o com paz e prosperidade. Sou Nârmer, rei de Téni e do Alto Kemet. Não lhe quero mal. Não desejo destruir sua cidade. Só almejo a paz entre nossos povos e a união entre irmãos. Anelo que todos os filhos do Iterou estejam reunidos numa única e grande nação.

O governador de Zau estava abismado. Imaginava que seria açoitado e morto. Pelo contrário, aquele jovem homem, que não devia ter mais de vinte e quatro anos, o abraçava, convidando-o a se sentar e beber vinho com ele. O que deveria fazer? Aceitar a sua amizade ou morrer? Era um homem orgulhoso e respondeu-lhe:

– Naturalmente, esse único grande povo seria comandado por Nârmer.

Havia um tom de desdém na voz do governador, um homem maduro de quarenta anos. Nârmer tomou um gole curto e respondeu-lhe:

— Nasci para ser rei, mas não para ser tirano.

E com o olhar mais meigo e aparentemente ingênuo, virou-se e olhou bem dentro dos olhos do governador e perguntou-lhe:

— Acha que eu seria capaz de conquistar a inexpugnável Zau, se não fosse o eleito dos deuses?

O argumento atingiu o governador como se fosse uma seta no coração. Seria melhor achar que aquele fedelho conquistara Zau com inaudita facilidade e quase sem combates porque ele, o governador, era um inepto ou porque o rapaz era realmente protegido dos deuses? Devia ser verdade, então, que os deuses – estranhos seres esses neters que o preteriram – escolheram-no para reunificar o Kemet. Qual era a sua opção? Não era prisioneiro daquele rapaz?

— É provável que tenha razão. Mas, agora que conquistou Zau, o que pretende fazer?

Nârmer olhou-o com tranquilidade, com seus grandes olhos negros de pestanas compridas quase femininas, e disse-lhe calmamente:

— Farei o que o povo deseja de seu rei. Administrarei com proficiência e absoluta justiça.

O governador estava começando a se dar conta de que tinha em sua frente um homem muito especial.

— E eu, como entro em seu plano?

— Não cabe a mim dizê-lo, e sim a você. Se quiser unir-se a mim, poderemos restaurar a era dourada de Osíris. Nesse caso, continuará a ser o governador de Zau, sem perder suas terras, apenas submetendo-se à vontade dos deuses.

— Ou seja, à sua vontade – retrucou o governador, um pouco malicioso.

— Se só obedeço à vontade deles, você estará servindo-os, ao cumprir os meus desígnios.

O governador sorriu. Estava começando a gostar do rapaz. Tinha espírito e uma inteligência fina, coisas raras naqueles dias.
– Deveras!
Nârmer disse-lhe, em tom mais confidencial:
– Há alguns pequenos inconvenientes na sua nova posição.
– Ah! – exclamou o governador.
– Sim, e é melhor que tudo fique esclarecido, antes que lhe traga aborrecimentos depois.
– Diga-me tudo, então. É melhor que eu me aborreça logo e aceite suas condições, do que me revoltar depois e perder minha cabeça.
– Sábia decisão de um verdadeiro político.
Nârmer, então, explicou-lhe em detalhes como desejava administrar o hesep. Em poucas palavras, o governador seria, para todos os efeitos públicos, o grande mandatário local, todavia não iria administrar; essa tarefa seria executada pelos escribas que Nârmer trouxera. Além disso, os impostos seriam recolhidos pelos escribas e enviados diretamente à nova capital do país que Nârmer pretendia implantar, sem ainda ter definido onde.

O governador manteria sua fortuna, suas terras, escravos e títulos nobiliárquicos. Nârmer, desejoso de cerrar ainda mais os laços que uniriam no futuro suas famílias, levaria um filho, o herdeiro, e uma filha, a mais velha se não fosse casada, para morar com ele, na capital, sendo tratados como príncipes do reino. O homem entendeu que, enquanto mantivesse seus filhos como reféns, Nârmer teria a lealdade do governador. Qual a outra opção que teria? Gritar e espernear, ameaçar e tentar estrangulá-lo? Ridículo, seria morto instantaneamente pelos guardas gigantescos – ouasetianos – que o acompanhavam como se fossem sua sombra.

O governador baixou a cabeça em sinal de assentimento; no entanto, Nârmer não desejava um inimigo abatido que amanhã poderia tornar-se perigoso. Desejava um aliado e, como tal, tocou-lhe no ombro e disse-lhe, com a maior ternura possível, usando o primeiro nome do governador:

– Kheti, meu amigo e sogro, não desejo ter sua rendição, e sim sua amizade. A sua filha levarei para casar comigo e o seu filho, para treiná-lo na nova nobreza deste grande país que temos que construir. Precisarei de ministros, de ajudantes de campo, de guerreiros e de amigos. Seu herdeiro, de idade mais próxima à minha, será considerado como meu irmão e serei responsável pela sua vida e felicidade. Casar-se-á com uma irmã minha, tornando-se meu cunhado. Não desejo que pense que os reterei para obrigá-lo a ser meu aliado. Seria mais fácil mandar matar todos os nobres de Zau e cercar-me do povo. Sei que um grande país não se faz apenas com um bom povo, mas também com uma elite estupenda. Hoje, essas pessoas de escol estão esfaceladas em muitos heseps, cada uma cuidando de sua vida. Precisamos uni-las, motivá-las para com isso transformar o país.

Nârmer estava tão eletrizado com suas palavras que se transfigurava, empolgando-se, e os que assistiam à cena acreditavam nele. Realmente, para ser quem ele era tinha que ser um deus ou, pelo menos, um eleito dos deuses.

Kheti não tinha muita opção. Todos tinham que fazer aliança com Nârmer. Em Zau, cidade de trinta e cinco mil habitantes, Nârmer deixou um contingente de duzentos soldados. Não houve saques nem violências contra a população, que só foi obrigada a alimentar os soldados.

Dois dias depois da conquista de Zau, num movimento muito parecido, Nârmer tomava Perouadjet, sem grandes alardes e matanças. Apenas as guarnições locais de guardas foram mortas, em combates rápidos e localizados. Nenhum incêndio, nenhum estupro, nenhuma violência gratuita. Mais uma vez, alianças foram feitas de forma que a nobreza continuasse com seu *status* social, mesmo perdendo o governo do hesep. Nârmer sempre tomaria muito cuidado com Perouadjet, homenageando-a, sempre que possível, pelo fato de ter sido a capital do Baixo Kemet. Mas Antef não estava mais em Perouadjet, tendo fugido para Tjel, instruído pelo velho bruxo que ainda tinha forte intuição e premonição. Lá em Tjel, ele poderia montar um forte exército, com a ajuda dos beduínos do deserto do Sinai.

Uma das atitudes que Nârmer fazia questão de adotar, assim que terminavam os combates no Norte, era fundir a coroa vermelha daquela região com a mitra branca do Sul, formando a coroa pschent, com os símbolos do Baixo e Alto Kemet, dando sempre a entender que o Kemet tinha duas personalidades que precisavam se fundir para se tornar grandes e poderosas.

A mitra branca havia sido confeccionada, inconscientemente, no formato da cabeça dos ahtilantes. Sendo humanóides e descendentes dos grandes répteis de Ahtilantê, eles tinham a testa proeminente, orelhas largas e eram imberbes e calvos.

Djedu, Banebdjedet e outras cidades e aldeias submeteram-se ao poder de Nârmer, contudo Tjel, onde Antef havia se refugiado, tinha sido avisada de que Nârmer tomara as demais cidades por meio de manobras rápidas e imprevistas. Tjel estava inserida no nordeste do delta, numa região que, de um lado, tinha pântanos e, do outro lado, tinha o mar; o restante era deserto. Tjel, muito inteligentemente, retirou suas tropas, aliou-se a algumas tribos do deserto do Sur, onde tinha prospecção de pedras preciosas e rota de comércio. Os habitantes queimaram o cais, colocaram estacas para impedir a atracação dos botes e preparam um exército às carreiras, com suas tropas e povos do Sur.

Nârmer foi informado por seus espiões de que Tjel iria apresentar forte resistência, exigindo combates mais duros. Desistiu de um ataque surpresa, como fizera em mais de oito localidades, nas últimas dez semanas. Agora, porém, as águas baixaram, facilitando que as pessoas pudessem fugir da cidade e, de acordo com os agentes secretos infiltrados entre o populacho, elas estavam abandonando a cidade em direção ao o deserto, em busca de refúgio.

Nârmer subiu o Iterou, até uma distância razoável de Tjel, desceu com o grosso do seu exército, cerca de quatro mil homens, entre os pântanos do Norte, e dirigiu-se por uma rota perpendicular a Tjel, tentando fechar a passagem para o deserto do Sur. Andaram durante dois dias em marcha forçada até que viram o exército de Tjel já agregado com os beduínos do deserto. Esses homens eram valorosos guerreiros, verdadeiros demônios, que lutavam muito bem, corpo a corpo, só que eram indisciplinados, cada um guerreando por si.

O exército de Tjel tinha seis mil homens, incluindo os mil e poucos beduínos que já tinham se unido aos tjelenses. Estavam andando como uma massa disforme, sem ordem, sem comando.

Nârmer reuniu seus homens e disse-lhes:

– Guerreiros, esta será a batalha decisiva para conquistar o Norte. Vencemos todos os combates e fizemos alianças com os poderosos, assim como com os mais pobres. Dominamos inteiramente o Norte, com exceção de Tjel. Eles lutam com ajuda do deus Seth, mas nós temos ao nosso lado Rá, Osíris, Amon, Ptah e a feroz leoa Sakhmet. Vamos à batalha final, seguindo a nossa ordem e com os princípios que já foram testados nas batalhas anteriores. À vitória!

Os soldados gritaram de volta:

– À vitória!

A massa disforme de homens de Tjel vinha andando pelas bordas do deserto, enquanto Nârmer dispôs suas forças em meia-lua. No centro, colocou os mais fortes lanceiros, enquanto que nos dois flancos estavam os melhores arqueiros e os espadachins. Nârmer imaginava que o exército de Tjel atacaria o seu centro e, com isso, ao fechá-lo num movimento de pinças, esmagaria os tjelenses como se fossem uma noz numa tenaz.

O exército de Tjel podia ser uma massa disforme enquanto andava, porém, assim que viu as forças de Nârmer, ordenou-se e estabeleceu várias fileiras. Nârmer se surpreendeu com o fato. Antef aprendera a lutar.

Eram dez horas da manhã, quando os dois exércitos postaram-se frente a frente, com um quilômetro de distância entre eles. Aos poucos, o exército de Tjel, sob o comando de Antef, começou a avançar lentamente. Era uma força impressionante.

Os dois exércitos entrechocaram-se durante várias horas. Na sua segunda hora, com o sol do deserto do Sinai a pino, ambos os lados estavam num impasse. A extrema mobilidade do exército de Nârmer impedira que caísse nas mãos de Antef por umas duas vezes. Sua sorte era que as ordens do comandante inimigo não eram aplicadas, como deveriam, pelos soldados de Tjel.

Na terceira hora, a uma hora da tarde, Nârmer sentia que os exércitos estavam literalmente empatados. Os homens estavam exaustos e, sempre arguto, observou que já havia mais de meia hora que as forças de Tjel não lançavam flechas. Deviam estar sem munição. Outro aspecto que atraiu sua atenção foi a disposição das forças dos beduínos de Sur, no campo de combate. Tinham sido colocadas na ala esquerda do inimigo e, entre elas e as forças de Tjel, existia sempre um pequeno corredor. Era um ponto vulnerável!

Nârmer chamou a guarda ouasetiana, reforçou-a com os melhores lanceiros e enviou-os numa formação de cunha contra a junção das forças regulares de Tjel e a dos beduínos. Antef viu a manobra e um frio subiu-lhe na espinha. Ele não tinha como parar aquela muralha de gente que se aproximava. Não tinha mais flechas nem carroças de combate, como já existiam em Sumer. Só lhe restava reunir uma tropa de lanceiros e tentar fechar aquela brecha que, inevitavelmente, iria se abrir e lastrar-se até que as duas forças defensivas estivessem esgarçadas e destroçadas, no campo de batalha.

Antef levou alguns minutos para reunir um grupo de quinhentos homens para ir de encontro à guarda ouasetiana. Iniciou seu deslocamento por trás de suas próprias linhas, de tal forma a poder surpreender as forças ouasetianas. A manobra fora vista por Nârmer. Ele então deu ordens aos seus arqueiros para que começassem a lançar sobre essa força em deslocamento setas que a impedisse de seguir em linha reta.

Para fugir dos flecheiros que atiravam por sobre a cabeça das primeiras filas, que estavam em entrevero com as primeiras linhas sulistas, os guerreiros tiveram que correr cerca de cento e poucos metros mais para fora do combate e perderam minutos preciosos. Por outro lado, outros flecheiros de Nârmer os acompanhavam a mais de trezentos metros de distância, correndo paralelamente por toda a extensão do campo de combate.

Os ouasetianos atacaram, em forma de cunha, o corredor que separava as duas forças. Os beduínos não recuaram, pois eram valorosos combatentes, mas a ala esquerda de Tjel era constituída dos guerreiros menos experientes. Desse modo, pouco ou nada puderam resistir às longas lanças dos ouasetianos e, em dois a três minutos, aquela parte cedeu, retrocedendo em desordem. Foram se chocar com os guerreiros liderados pessoalmente por Antef, que vinham fechar a brecha existente na linha.

Nesse ínterim, os arqueiros sulistas, que corriam paralelamente aos de Tjel, entraram na cunha dos ouasetianos e despejaram flechas sobre Antef e seus soldados. Os beduínos que lutavam contra as forças ouasetianas começaram a se enfraquecer quando se viram afastados dos tjelenses. A vanguarda beduína viu-se empurrada pelos ouasetianos e, caindo aos pés das longas lanças, acabou por debandar.

O exército de Tjel recebeu uma saraivada de flechas que derribou grandes contingentes de seus soldados. Os demais lançaram-se contra a muralha esquerda da cunha ouasetiana, enquanto o lado direito da cunha colocava os beduínos para correr. Antef sentiu que a batalha lhe escapava da mão. Reuniu um forte grupo e lançou-se de encontro ao bico da cunha.

O entrevero foi fantástico. Mais de trezentos combatentes, de lado a lado, se misturaram em combates singulares. Antef era um guerreiro valoroso, abatendo inúmeros ouasetianos. Em torno dele, foram-se reunindo cada vez mais tjelenses, e os ouasetianos receavam enfrentá-lo. Ele conseguira reunir em torno dele uma última força de resistência.

Nârmer sentiu que a batalha estava ganha. Os beduínos estavam em fuga. Os soldados de Tjel estavam divididos. Um largo grupo estava enfrentando, numa extensa linha de um quilômetro, todo o exército sulista. Estavam recuando aos poucos. Não tinham mais flechas e dardos, e enfrentavam um exército que ainda tinha muita munição. Nârmer mandou arqueiros atacarem locais específicos da longa linha e, naqueles lugares onde as flechas haviam caído, derribando inimigos, os sulistas penetravam, esmagando os nortistas.

Na quarta hora, às duas da tarde, com o sol ainda ardendo no céu, as forças de Tjel cediam em todas as frentes. Homens extenuados jogavam suas armas no chão e caíam de joelhos, esperando a morte. Nârmer dera ordem para não matar aquele que se entregasse. Foi, pois, com surpresa, que os soldados de Tjel se viam poupados, apenas aprisionados pelas forças de Nârmer.

O quadrado que Antef armara estava sendo atacado por três lados, pois Nârmer não desejava cercar o inimigo totalmente. Era preciso dar chance de fuga, senão o combatente se torna pertinaz, porquanto sente que irá morrer, preferindo lutar ao invés de fugir ou render-se. Antef estava com menos de duzentos homens aguerridos, como se começassem a lutar naquela hora. Nârmer trouxe mil flecheiros, reuniu-os em torno do grupo de lutadores e mandou seus ouasetianos recuarem. Era preciso acabar logo com a luta.

Nârmer dirigiu-se aos soldados de Antef e gritou:

– Rendam-se, valorosos guerreiros de Tjel. Serão bem tratados e dou minha palavra de rei que não serão torturados, humilhados e mortos.

Um silêncio se fez ouvir e, aos poucos, os soldados foram largando as armas, dirigindo-se para os ouasetianos, cabisbaixos e humilhados. No final de cinco longos e intermináveis minutos, todos tinham se rendido, menos um homem: Antef.

Vendo-se só e derrotado, ele gritou com sua voz gutural, cheio de cólera e frustração:

– Prefiro a morte a ser escravo.

E, como se fosse possuído por todos os piores demônios do inferno, levantou a espada ensanguentada e partiu para o mais desenfreado ataque, urrando palavras incompreensíveis. Duas esquadras de arqueiros lançaram quase simultaneamente suas setas e Antef recebeu quase uma dezena de flechas que lhe vararam o peito, pernas, pescoço, braços e cabeça.

A morte de Antef foi o ponto final dos combates do dia. Nârmer mandou que levassem seu corpo até Tjel para ser enterrado com honras militares. O restante dos mortos de Tjel ficou para sevir de comida a abutres e chacais.

No outro dia, Nârmer entrou em Tjel, que estava deserta. A população fugira, esperando que Nârmer destruísse a cidade. Aos poucos, nos outros dias, quando soube que a cidade fora poupada e havia muitos soldados de Tjel prisioneiros e bem-tratados, foi voltando, aceitando os novos fados.

Nârmer fez um acordo extremamente vantajoso com os nobres de Tjel. Colocou uma forte guarnição na cidade, assim como um dos seus melhores administradores para que os habitantes de Tjel sempre soubessem que o rei ali era Nârmer.

No mês seguinte à conquista do delta do Iterou, Nârmer convocou todos os nobres do Alto e Baixo Kemet para estarem em On, no templo Hetbenben. Vieram nobres dos heseps do Norte e do Sul.

Os nobres do Norte foram chegando desconfiados e apreensivos, medrosos e acachapados. Encontraram um Nârmer hospitaleiro e franco, sorridente e meigo, que os tratava como iguais, sem soberba e embófia. Foi feito um grande culto para abrigar os quase duzentos homens, nobres e importantes do reino, incluindo os escribas, mandatários de Nârmer para todas as instâncias administrativas e jurídicas. Alguns chefes guerreiros, homens de confiança de Nârmer, foram incluídos entre os ilustres convivas e vieram desarmados para que todos estivessem tranquilos quanto ao bom ânimo da reunião.

Nârmer fez questão de que cultuassem o grande deus Onkh, o Inefável, para desarmar os espíritos contra possíveis suspeitas de negaças. Findo o culto, simples e sem grandes cerimônias, oficiado pelo sumo sacerdote do Hetbenben, Nârmer levou todos para um local aprazível, onde, em torno de mesas e copázios de doce vinho, ele pôde, então, dirigir-se a todos os presentes.

– Amigos e irmãos, a guerra que produziu tantas mortes e infâmias chegou ao fim. O Sul e Norte formam um único grande reino que deverá durar por muitos anos. Depende, entretanto, de nós mantermos a paz e a harmonia. Podemos voltar a lutar novamente e, com isso, mais sangue, mais sofrimentos e mais viúvas e crianças chorarão a ausência definitiva dos chefes de família.

As pessoas iam saboreando o vinho e acalmando suas apreensões. Nârmer não parecia estar disposto a dar um golpe em ninguém e voltar atrás em seus acordos. Havia integridade em suas palavras e ações. Um governante deve ser íntegro. O homem deve ser pundonoroso.

– Para que o estigma da guerra possa para sempre ser apagado de nossa memória, é preciso criar um novo país. Atualmente, não existe uma nação única. O que há são várias regiões, cidades-estados ou heseps. Enquanto existir a predominância de um sobre o outro, haverá a arenga, a discussão inútil e perigosa, que nos levará sempre aos extremos.

Nârmer fez uma pausa para que todos o entendessem e prosseguiu:
– Pensem bem, meus amigos. Ouçam minha voz e digam-me se estão satisfeitos com o que existe aqui na nossa terra. Miséria e fome, penúria aviltante e inexpressiva esperança que leva ao crime e à insegurança geral. Em contrapartida o Iterou é tão dadivoso, inundando nossas terras com seu húmus que fertiliza e amplifica as benesses de nossa região. Então, por que razão há mortes causadas pela fome, doenças e outras pestilências? É porque não sabemos administrar as riquezas que nos são dadas. Cabe a quem fazer isso? Ao povo ou a nós, a quem a plebe chama de pai? Creio que é chegado o momento de nos transformarmos de um simples amontoado de gente, morando numa estreita faixa de terra, numa nação.

Os presentes escutavam atentamente as palavras de Nârmer, e muitos pensavam em quais as vantagens que esse novo sistema lhes traria. Será que valeria a pena mexer em algo que já funcionava tão bem? Nârmer parecia captar esses pensamentos, pois, logo em seguida, retrucou:

– Muitos poderão perguntar se vale a pena transformar o mundo, e lhes direi que sim. Desde o dia em que o homem saiu do barro tem procurado melhorar. No tempo de Rá, os homens se alimentavam de carne humana, e o grande deus acabou com essa prática lamentável. Depois dele vieram Chu e Gueb, e os homens continuaram melhorando até a fase dourada de Osíris. Nesse período de ouro de nossa história, os ricos eram mais ricos e os pobres muito menos pobres. E o que aconteceu? Os homens lutaram entre si e, por ganância, Osíris foi morto.

"Meus amigos, chamei-os aqui porque desejo reviver o tempo glorioso de Osíris. Envidaremos esforços para exterminar a miséria. Existem terras no Sul, assim como há muitas terras inaproveitadas no Norte."

Houve um certo mal-estar entre os nobres. Como terras no Norte? Todas pertenciam a alguém! Nârmer sabia que não se devia sensibilizar os ricos com o sentimento de caridade e fraternidade, mas por meio do sentimento que os une, a ambição.

– Sim, por mais que muitos digam que não, existem terras inaproveitadas no Norte. Estão disponíveis, só precisando ser dragadas e aterradas.

Um dos presentes, nobre de Perouadjet, pronunciou-se, melífluo e cheio de maneirismos. Desejava desmoralizar Nârmer, mas sem antagonizá-lo publicamente, já que tinha um filho e uma filha reféns do monarca.

– Grande Nârmer, desejo saber de sua majestade se as terras que pertencem aos atuais proprietários serão tomadas, mesmo se algumas delas não estejam plantadas e outras, sob a água de pântanos?

Nârmer sabia onde o nobre desejava chegar. Será que o direito à propriedade privada seria respeitado?

— Sua pergunta é muito pertinente. Veio em hora certa. Respondam-me. Antes de existirem os homens na Terra a quem pertencia a terra?

— Aos deuses — disseram alguns.

— A ninguém — disseram outros.

Nârmer meneou a cabeça em assentimento e disse, brandamente:

— A ninguém em especial. Ao grande construtor do universo, não importa qual seja seu nome.

Continuando, disse:

— Se aos deuses pertence a terra, eles a dão a quem lhes aprouver. Deram aos primeiros que chegaram e aos que souberam mantê-la e dela extrair as maiores riquezas. Entretanto, conquistei o Norte e, por herança, coube-me o Sul. Estou unificando as Duas Terras e estou cobrando impostos para que vocês mantenham o que têm. Assim como os deuses deram-me terras, pois sou filho de deuses, delas disporei ao prazer de meu povo do qual sou pai. Desse modo, terras inaproveitadas, sejam de quem forem, serão compradas a preços adequados e transformadas em áreas de cultivo.

Fez-se um silêncio sepulcral. Nârmer, com sua voz suave, sem grandes alaridos, um sorriso simpático nos lábios, disse exatamente o que viria a acontecer. As terras eram do rei, por ordem divina, para usufruto de seu povo. Cabia ao monarca determinar, de acordo com seu critério, como e quem deveria usufruir dos direitos de trabalhá-la. Não era bem o que os nobres desejavam ouvir de Nârmer. Ele, então, fez questão de relembrar aos presentes qual seria a outra opção:

— Os deuses foram cordatos e magnânimos. Se tivessem preservado o coração de Zékhen, nenhum de nós poderia pleitear absolutamente nada. Os deuses se confrangeram com seus filhos no Kemet e enfraqueceram o coração de meu pai, chamando-o para perto deles mais cedo. Em seu lugar, veio Nârmer, um homem de paz que deseja o bem de todos; no entanto – e nesse momento sua voz se fez ameaçadora –, se necessário for, poderá ser do mesmo estofo de seu pai.

Logo depois, abrandando-a, complementou: – Oremos aos deuses para que não seja necessário utilizarmos de vigor excessivo.

Após nova pausa, Nârmer anunciou sua intenção de ter uma nova sede do governo.

– Desejo construir uma nova capital, onde passarei a reunir-me com meus ministros, conviver com meus amigos, seus filhos, e com minhas esposas, que são suas filhas, a quem devo conforto e segurança.

O assunto empolgou a assistência. Uma nova capital, onde?

– O novo Kemet é a reunião das Duas Terras, da alta mitra branca do Sul, em forma de ovo, encaixada na touca vermelha do Norte. A partir de hoje, só haverá a coroa pschent, união das coroas branca e vermelha. Não haverá mais dois reinos, mas um só. Minha capital não ficará nem no Sul, nem no Norte, mas no meio dos dois reinos. Poderíamos escolher On, onde estamos, pois sua localização é intermediária. Mas seria uma escolha inadequada: esta é a cidade sagrada do Hetbenben. Minha cidade deve ser própria para um governo que irá se situar acima de todas as religiões. Daremos apoio a todos os cultos, com uma condição: o governo do Kemet não poderá estar subordinado a nenhum deus, a não ser o próprio rei. O governo é a administração dos bens terrenos dos deuses, assim como a religião é a gestão dos bens espirituais dos homens. O governo deve reger os bens materiais para proveito dos homens, sempre sabendo que a riqueza é o bom resultado da providência dos deuses. Se eles desejarem de forma diferente, por mais que um homem se esforce, nada conseguirá. No entanto, se o homem não envidar esforços para progredir, os deuses não o ajudarão.

Após essa rápida preleção, Nârmer deu a notícia que todos esperavam.

– Desejo construir a capital onde hoje mantenho um forte, que todos conhecem como Menefer. Esse é o local sagrado onde fundaremos um único país. Será um lugar onde se fundem o Baixo e o Alto Kemet.

Os presentes gritaram satisfeitos, apoiando a escolha de Nârmer. O domínio de Meni – 'Menefer' também significa 'estável' – é a beleza, sendo, portanto, um nome perfeito para a nova capital do Kemet. Devido ao fato de ter consolidado o reino na figura de uma cidade única, Nârmer seria conhecido na história universal como Menés. Em kemetense, sua antonomásia seria Meni que significa, 'o fundador'. Nenhum nome poderia ter sido mais perfeito do que esse para o homem que fundou a primeira das trinta dinastias do Egito, mesmo que muitos historiadores possam confundir o cognome com uma personalidade diferente de Nârmer, quando os dois eram um só. Os gregos chamariam Menefer de Mênfis.

Nârmer manteve sua assistência feliz, servindo um jantar nunca visto antes, com iguarias estranhas e maravilhosas, de terras vizinhas, assim como do próprio Kemet. Nârmer fazia questão de comemorar de forma extraordinária, com pompa e luxo, numa festa de gala, como a comprovar que, daquele momento em diante, iniciava-se um novo e fabuloso Kemet. O Egito seria uma terra de fausto, engalanada por um governo absolutista que saberia se voltar para atender ao povo, mas estando sempre mais envolvido na defesa dos interesses da elite dominante.

Para construir Menefer, era preciso alterar o curso do Iterou. A localização era excelente em termos estratégicos, impedindo que os nortistas atacassem o Sul e vice-versa, tendo que passar antes por aquela localidade. Sabia que desviar o rio seria uma obra fantástica, que necessitaria de grandes mestres e milhares de operários. Seria, portanto, uma obra que motivaria o país. O kemetense, especialmente de origem capelina, gostava de grandes prédios, mastabas suntuosas, beleza e luxo. Poderia fazer uma grande obra que empregaria milhares de pessoas e que seria paga pelos ricos e nobres, pois nada mais era o propósito daquela reunião, em que noticiara a construção da nova capital.

Nârmer começou fazendo uma grande reforma agrária, seguindo os passos de Osíris, por quem tinha uma fixação enorme, uma admiração completa, mesmo tendo ressalvas quanto ao comportamento excessivamente franco e gentil que o grande rei dispensara aos felás. Achava que os pobres mereciam ser menos pobres, no entanto deviam esforçar-se para obter tais melhoras.

Nârmer fora treinado nas artes religiosas e na magia imitativa, aquela em que se repete um fato para se obter o resultado desejado. Uma das pessoas que mais o ajudaram, demonstrando carinho, inteligência e afinidade, fora Haishtef, o mesmo mentor de Zékhen. Quando ascendeu ao poder, ele chamou Haishtef para ajudá-lo nos assuntos mágicos, pois Nârmer sabia que feitiçarias terríveis poderiam ser feitas contra ele pelos seus inimigos, levando-o à loucura, ao suicídio ou a outros atos tresloucados.

À noite, os dois amigos costumavam conversar longamente no templo Hetbenben, enquanto Menefer estava em construção. E foi numa dessas conversas informais, comendo tâmaras, apreciando da varanda do templo os meneios suaves do Iterou, enquanto o belo luar os clareava, que os dois desenvolveriam a estrutura básica da revolução cultural que transformaria o Kemet, fixando nele seus caracteres definitivos.

– O que diferencia um lugar do outro? – perguntou Nârmer, quase para si próprio.

– Ouso dizer que é o que as pessoas pensam da vida. É o conjunto de valores que cada lugar desenvolveu, devido às suas condições específicas e à influência que cada lugar recebeu de dentro e de fora.

– Concordo, pois não pode haver dúvidas quanto a isso. Veja o comportamento das pessoas de Sounou e de Banebdjedet. Comportam-se de forma diferente, acreditam em coisas diversas, têm deuses estranhos um ao outro e, até mesmo, a língua é um pouco diferente. Cada um pronuncia as palavras com grande dessemelhança.

Haishtef olhava para Nârmer com interesse e pensava que aquele rapaz sempre fora dado a perguntas e raciocínios estranhos. Fazia tempo que não mantinham um diálogo nesse nível.

– O que podemos fazer? Cada lugar desenvolveu-se de forma separada. Nos tempos antigos, cada aldeia era uma ilha, mesmo quando o Iterou não subia. Creio que é um milagre que tenhamos mais ou menos a mesma língua. Deveria ser até diferente, já que vários povos contribuíram para a nossa formação.

– Acho que deveríamos fazer algo para que as pessoas pensassem da mesma forma.

– Quer que as pessoas pensem do mesmo modo?

Haishtef estava visivelmente surpreso. Nârmer o tranquilizou.

– O que desejo não é que pensem igualmente. O que quero é que tenham o mesmo conjunto de valores, que acreditem nas mesmas histórias, que sintam que fazem parte de um mesmo povo, de uma mesma linhagem, de uma mesma nação.

Haishtef pensava a respeito do assunto.

– A não ser alguns pontos em comum, como o Iterou e a língua, não vejo mais nada que os una.

Nârmer pensou um pouco e disse arrastado, como se estivesse formulando suas ideias enquanto falava:

– Creio que existe algo em comum entre todos os kemetenses. Você acertou, quando mencionou o Iterou e o nili – a cheia –, mas existe também uma grande história.

– Como assim?

– Veja que a história de Osíris é mais ou menos comum em todo o Kemet. Além do grande rio que nos banha, temos tudo o que está ligado a Osíris. Ele construiu quatorze mastabas, onde se diz que ele está enterrado, que se encontram desde Sounou até Zau. E para complementar isso, há também a agricultura, da qual ele é o mais proeminente dos deuses, e, finalmente, ele é o deus da própria morte, que nos é comum, igualando todos os homens.

Haishtef interrompeu e disse-lhe, num rompante:

– Além de tudo o que você mencionou, há também Hórus.

– Hórus? O que tem a ver o filho assassinado de Osíris com isso tudo?

– Muito simples. Hórus é você.

– Sim, eu sei. O pesadelo que eu lhe contei repetiu-se várias vezes e, em cada um deles, ficou mais nítido que eu era Hórus, sendo morto pelo meu tio Seth. Tudo isto confirma que sou o filho de Osíris e Ísis renascido. Só não entendo em que isto é relevante na nossa história comum.

– Tudo, meu caro Nârmer. Hórus é o legítimo sucessor do último rei, Osíris, que governou esta terra antes de ela ser dilacerada pela sanha assassina de Seth. Portanto, é evidente que os deuses do Duat enviaram você de volta na figura de Nârmer, para ser o nosso primeiro grande soberano após a reunificação. E isto precisa ser divulgado. Você é uma figura sagrada, pois foi determinado pelos senhores dos grandes mistérios e do destino que você seria o fundador da nossa terra.

Nârmer estava quieto, escutando Haishtef inflamar-se.

– Além disso, nossa terra precisa de paz. Não podemos ficar guerreando sistematicamente uns contra os outros. Colocar você como um neter é impedir que os homens comuns queiram seu trono. Veja o perigo que correu Zékhen ao dar poder para Senimburê. Por pouco tudo isto teria caído em mãos perversas. Não podemos correr o risco de traições. Você, sendo sagrado, filho dos deuses, descendente direto de Rá, será uma figura intocável e, melhor, inquestionável.

Nârmer via que isso era fundamental para a unificação definitiva do país. Ele havia conquistado pela força o Norte, mas ainda faltava conquistar os corações e mentes dos nobres tanto do Baixo como do Alto Kemet. Ele sabia que existia muito rancor, muita controvérsia e discussões sobre um único reinado. Até os nobres do Sul tiveram que ser pressionados. Muitos já haviam sido depostos para que a administração fosse feita por escribas profissionais que seguiam os ditames de Nârmer.

– Haishtef, você tem razão. Para tanto, é preciso que minha sagrada procedência seja conhecida. Sem o conhecimento dela, tudo o que estamos falando será inútil. Isto deve ser um 'segredo' muito bem-divulgado.

– Realmente, a melhor forma de fazer você se tornar uma unanimidade é torná-lo um deus e, para tal, teremos que desenvolver uma história toda especial. A verdadeira história de Hórus nem sempre o favorece, pois sabemos que ele era rude e impetuoso. Sua morte não deixou ninguém triste, a não ser sua família. Mas você é diferente. Existe força e tranquilidade, serena majestade, doce vontade férrea. Por isso eu creio que os senhores do Duat o instruíram bem, pois você é Hórus aperfeiçoado.

Haishtef ficou incumbido de desenvolver uma nova lenda que apresentasse os deuses se imiscuindo no grande combate entre Seth e Hórus. Na nova versão, Hórus era apenas ferido e Seth, castrado. Desse modo, seu poder era retirado e Gueb, o deus da Terra, aclamava Hórus como o grande vencedor da gigantesca contenda.

Alguns meses após a incumbência, Nârmer recebeu a visita de Haishtef, que lhe trazia uma nova versão da história de Osíris. As diversas lendas que estavam em voga foram fundidas e desenvolvidas para dar credibilidade ao novo personagem, Nârmer. Foi estabelecida uma Santa Trindade: Ptah era o deus absoluto, criador de tudo; Sakhmet, a terrível leoa, sua contraparte feminina; e Nefertem, o lótus primordial, a matéria-prima do universo que Ptah extrai de si próprio e com a qual cria tudo o que existe, sem contudo se alterar intimamente. Além disso, Osíris foi associado a Socar, o deus da morte e do mundo espiritual. Na lenda, Zékhen foi transformado em Téfen, chefe dos escorpiões que acompanham o grande deus Rá, em suas andanças pelo mundo.

A lenda associava realidade e imaginação, atos humanos com ações divinas dos deuses do panteão kemetense. Rá, filho de Ptah, gera sua descendência, da qual a mais famosa é Osíris que, por sua vez, dá origem a Hórus. Nârmer e todos os reis tornam-se Hórus, filhos de Osíris e, muito politicamente, para agradar à elite, filhos também de Rá.

Para divulgar a nova doutrina, Nârmer, seguindo sugestão de Haishtef, determinou que vinte e seis monges, especialmente treinados no Hetbenben, fossem enviados a todos os heseps e aldeias para orientarem os sacerdotes dos outros cultos sobre a nova verdade, a grande revelação dos mistérios de Osíris e Ísis. Para dar ênfase aos aspectos femininos, Ísis foi enaltecida ao máximo, por sugestão de Nârmer, que via nessa figura feminina o paradigma de todas as mulheres do Kemet.

Seth era uma deidade existente em Nubt e muito louvada em muitos lugares. Não se podia desonrar um deus; portanto, ao se castrar o seu poder maligno, fez-se dele um partícipe da barca de Rá, como aquele que emite raios e trovões. Tornou-se Seth o deus das tempestades e relâmpagos. Encontrou-se um local adequado para Seth no panteão dos deuses.

Os sacerdotes shem que fizeram a divulgação não foram bem recebidos em todos os lugares. Houve muita divergência entre os adoradores de Osíris e Rá; e, no final, houve uma natural aceitação de que Rá fosse o grande deus organizador; Ptah, especialmente, em Menefer, o deus criador; e Osíris, o deus do outro mundo. Esta deificação ocorrera naturalmente pela orientação dos guias espirituais sobre seus sacerdotes. Portanto, tornar-se o deus e rei do outro mundo foi apenas um grande prêmio para essa alma enobrecida no cadinho das experiências terrenas, especialmente para ele que cultuara a morte quando em vida, dando-lhe real importância, tendo mandado fazer quatorze sepulcros que acabaram virando os quatorze pedaços do seu corpo, dilacerado por Seth. Osíris, estranhamente, ao ser retratado no futuro, sê-lo-ia com sua cor capelina, a de um gigantesco verde.

O mais importante é que a mensagem de que só devia existir um Kemet e um só rei foi perfeitamente entendida por todos. Não era possível a coexistência das duas nações, o que geraria guerras e sofrimentos. A disputa de poder entre dois senhores, no Kemet, seria perpetuar o fantástico combate entre Hórus e Seth, entre sobrinho e tio, entre irmãos. Hórus era a solução, e Nârmer e sua dinastia seriam a continuação racional da paz, prosperidade e desenvolvimento.

Menefer era um projeto audaz. Nada parecido havia sido feito até então. O rio, quando de suas cheias periódicas, enchia a tal ponto que a plataforma onde ficara o acampamento de Nârmer tornava-se pequena. Era preciso ampliar aquela área.

– Por que temos que construir a cidade num lugar como esse, majestade? Tudo aqui é mais difícil. Se formos um pouco mais para o Sul, poderemos construir, com facilidade, em Sakara.

– Meu caro Peribsen, você é meu construtor real exatamente porque consegue resolver esses problemas de somenos importância.

– Meu Sire, o que me pede é algo gigantesco. Precisaremos trazer areia e pedra do deserto para formarmos um grande dique de pedras. Após isso, teremos que encher o local com areia e seixos. Quando, então, tivermos uma ampla plataforma, vinte metros ou mais acima do Iterou, poderemos construir a sua fortaleza.

– Nada do que me falou demoveu-me do meu propósito. Quanto mais grandioso for o projeto, maiores serão os resultados.

Peribsen, amigo de longa data de Nârmer, exímio construtor, baixou a cabeça, respirou fundo e fez uma última tentativa:

– Por que construir aqui?

– Além de ser o lugar mais adequado, pois está entre o Norte e o Sul, exigirá maior esforço, e isso é o que me interessa.

Havia por trás desse plano de Nârmer um ardiloso e interessante projeto. Desejava distribuir terras aos felás do Norte, como uma forma de minorar a pobreza e também de fortalecer o Sul, ampliando em muito a área plantada. Para que os camponeses pudessem pagar pela terra, já que nada deve ser dado de graça para não ser desvalorizado, Nârmer queria fazê-los trabalhar para adquirirem o seu pedaço de chão. Ao fazer, portanto, a nova capital em lugar difícil, exigia-se que o futuro proprietário da gleba trabalhasse pelo menos seis meses na construção.

O plano tornava-se brilhante já que, para construir a cidade, os nobres teriam que fazer donativos especiais, além do pagamento dos impostos normais. Essas dádivas eram parcialmente usadas para cobrir os custos da obra, especialmente com comida e ferramentas dos obreiros, e o restante, a grande soma, transformava-se em tesouro privado de Nârmer, possibilitando-o tornar-se o homem mais rico do Kemet. No entanto, a maioria dos recursos revertia-se em terras, sementes e obras gigantescas para o Kemet.

Um outro intento fabuloso era a canalização dos rios, a dragagem de pântanos e a ampliação das terras aráveis do Baixo Iterou. Esse projeto, em conjunto com Menefer, a nova capital, e um outro plano no canal Bahr Yussef, feito por Ptah, viriam a dominar a cena kemetense pelos próximos doze anos.

Menefer, a cidade-fortaleza de Nârmer, era uma obra grandiosa, que levaria vários anos para ser terminada. O Iterou teve que ser desviado para que a cidade fosse construída no local em que Nârmer determinara. Os sacerdotes do Hetbenben tiveram muito a ver com a escolha da localização precisa. Foi uma obra que durou trinta e cinco anos e a cidade em si só foi terminada quando Aha, o filho de Nârmer, já assumira o trono. O nome Aha fora dado em homenagem ao deus Rá Harakty.

A casa de Nârmer, em Menefer, era fabulosa. Tinha duzentos cômodos, com áreas internas que davam para piscinas aquáticas, dispensas fartas, salões de recepção que podiam abrigar mais de mil e duzentas pessoas. A casa era unida a uma série de construções do mesmo estilo, dando impressão de continuação do palácio, onde escribas e administradores do reino trabalhavam. O palácio era absolutamente colossal, com desenhos nas colunas e no piso, com móveis feitos com requinte e luxo jamais vistos.

A construção levou três anos para ser concluída e mais dois anos para ser totalmente decorada e mobiliada. Foi trazido cedro do Líbano, granito do deserto arábico, lápis-lazúli do Elam. Nârmer deu grande ênfase aos bibelôs, móveis e artes puramente do Kemet, só tolerando algo importado apenas para agradar algum conviva, ou uma de suas trinta e cinco concubinas.

Quando o palácio ficou pronto, Nârmer deu uma das maiores festas de que se tem tido notícia naquele país. Houve iguarias trazidas do coração da África, das longínquas paragens asiáticas e dos melhores lugares do Kemet. Nessa festa, Nârmer fez trazer músicas da Líbia, do próprio Kemet, da Núbia e da Ásia. Cerca de mil e oitocentos nobres participaram do ágape, com suas famílias, além de cinco mil e duzentos soldados e trezentos administradores hesepianos, todos acompanhados de suas famílias. Foram quase vinte e cinco mil pessoas.

Mataram dois mil carneiros, oitocentos bois, mil e setecentos patos e marrecos. Foram consumidos cinco mil litros de vinho, oito mil litros de cerveja e mil outras delícias, que fizeram a satisfação dos convidados. Essa festança magnífica foi paga pelos convidados que, para participarem, deviam enviar um régio presente para o templo Hetbenben que, então, expediria o convite oficial. Com isso, Nârmer arrecadou dinheiro suficiente para pagar as loucuras do banquete, que durou dois dias e três noites inteiras, e ainda, com o que sobrou, para reestruturar o Hetbenben, que estava a ponto de ruir.

Nârmer governava o Kemet, com seus quarenta e dois heseps, com mão de ferro. Seus administradores hesepianos eram treinados para cobrar os impostos. O critério utilizado na cobrança das taxas, a partir da altura atingida pela cheia do Iterou, forçava que todos redobrassem seus esforços para obter os resultados almejados. Por outro lado, especialmente no Norte, com as obras de saneamento que foram feitas – aterros, diques e canais –, a salubridade geral melhorou de forma considerável. Com o aumento da comida, mais terras para os felás, mais produtividade devido à introdução de técnicas agrícolas – as mesmas que Osíris introduzira, e que o populacho esquecera – e, finalmente, com melhoras gerais da salubridade, houve uma explosão demográfica, a terceira e a mais duradoura que o Kemet veria.

Dessa vez, no início do governo de Aha, filho de Nârmer e de Neithotep, que assumira depois da morte do pai, foi feito um censo completo, envolvendo pessoas e animais, que registrou o número de cinco milhões de habitantes. No final do seu governo de vinte e cinco anos, sendo substituído pelo seu filho, Djer, após sua morte, a população chegou perto dos sete milhões de habitantes. Nunca passou disso, estabilizando-se em torno de sete milhões de almas renascidas, servindo para que milhões de capelinos passassem por aquelas plagas, alguns recuperando-se e voltando felizes para Ahtilantê; outros, não sabendo aproveitar as oportunidades benéficas de evolução, tendo que repetir experiências, até se inteirarem da magnificência de Deus.

As ordens de Nârmer eram proferidas da sua enorme residência e alcançavam os mais longínquos locais do Kemet.

– A casa-grande determinou que a safra seja enviada para Menefer.

– A casa-grande deseja que todas as mulheres façam oferendas a Ísis e a todas as grandes mães da nação, tais como Neith, Hathor, Uadjit, Neftis.

Todas as ordens de Nârmer procediam da casa-grande, ou seja, do palácio do rei. Aos poucos, o próprio rei se transformou em casa-grande, o Pfer Âa, que se pronunciava 'ferâa' e que os gregos transformaram em faraó. Desse modo, por causa de seu palácio menfita, protegido por extensas muralhas, Nârmer, muitas vezes confundido com seu pai Zékhen, foi reconhecido como o primeiro faraó dinástico do Kemet.

Muito inteligente e quase sempre bem-inspirado, Nârmer procurou ser justo e muito severo. Mesmo sendo algumas vezes alegre e jovial com seus amigos, o faraó era taciturno, não encontrando nos braços das mulheres um grande amor. Mesmo tendo casado várias vezes, por força de acordos e compromissos políticos, teve nas mulheres suas mais dolorosas derrotas, vendo-se pouco amado, malquisto e detratado. Em parte, porque pouco ou nada se detinha no trato com elas, tendo um relacionamento distante, apetecendo-se apenas em gerar filhos como uma forma de garantir sua dinastia. A mulher que mais o entendia e com quem convivia mais amiúde era Neithotep, a antiga mulher de Adjib, o infeliz governador ouasetiano, assassinado por ordem de Zékhen.

Nârmer morreu durante uma caçada que ele realizava, junto com vários amigos, no Baixo Iterou, quando tinha por volta de cinquenta e dois anos. Seu bote foi atacado por animais anfíbios e Nârmer foi devorado por um gigantesco hipopótamo. Seu corpo nunca foi encontrado. Durante vários meses, a nação ficou de luto. Foi feita uma grande cerimônia de enterro que se revestiu de pompa e luxo, onde, junto com o caixão vazio de Nârmer, foram enterrados ouro, joias, móveis, arcas e tecidos.

No momento em que seu corpo estava sendo triturado pelas gigantescas mandíbulas, o espírito de Nârmer saiu do corpo, num único movimento libertário. Sem entender o que estava acontecendo, ainda sentindo o terror do momento, Nârmer pairava, flutuando por cima do seu tão amado Iterou. Alguns momentos depois, dois guias espirituais aproximaram-se dele. Levaram-no para um relvado às margens do rio, adormecendo-o. No final da rápida operação, um deles, Osíris, levantou o espírito de Nârmer como se fosse um leve fardo e entregou-o para a acompanhante, Ísis, dizendo:

– Leve-o, minha amiga, é o seu tesouro.

Ísis, com os olhos inundados de lágrimas, refletindo a emoção do momento, segurou Nârmer no colo como se fosse o mais tenro dos infantes, e os três juntos elevaram-se, volitando com extrema facilidade. Em um átimo, entraram em outra dimensão espiritual, levando Nârmer, que dormia profundamente. Ele seria levado para uma instituição socorrista no astral, onde seria tratado e amparado para recuperar-se e prosseguir sua evolução espiritual.

Alguns dias após, no plano astral superior, Kabryel mantinha uma reunião de avaliação com seus doze principais assistentes, que reportavam suas atividades; Osíris, responsável pelo Kemet, lhe dizia alegremente:

– Tudo parece indicar que agora as coisas devem funcionar bem. Tivemos marchas e contramarchas nesses quase quatrocentos anos. Agora, desde a subida de Nârmer ao poder, conseguimos colocar um certo pé na situação.

Kabryel sorriu satisfeito. Não havia dúvida de que o local que Mykael desejava, para que os espíritos mais evoluídos de Ahtilantê renascessem, estava pronto. Havia paz e razoável tranquilidade para que houvesse renascimentos em número admissível. Uma forte e boa cultura estava se solidificando, com ênfase na parte moral. Havia muitas coisas erradas, como castas, riquezas excessivas para uns em detrimento de outros, obras inúteis e risíveis. Somando-se os prós e contras, o Kemet ia bem.

– Houve uma aceleração muito grande nos índices de natalidade e a mortalidade diminuiu de forma notável. Desse modo, se continuar assim, poderemos dar giros médios de renascimentos de cento e vinte anos. Ou seja, vida física de cinquenta anos em média e setenta anos no astral. Em mil e duzentos anos, poderemos estar retirando os espíritos menos renitentes, levando-os de volta para Ahtilantê ou outro lugar, para que possam continuar evoluindo.

Kabryel continuava a menear a cabeça, assentindo, pois mil e duzentos anos podem nos parecer um tempo inacreditável, porém para quem passa pelo processo espiritual, com as atividades estupendas que existem nos múltiplos planos, esse período é apenas um átimo na eternidade.

– Como está se comportando Aha, o filho de Nârmer, o novo monarca do Kemet? – perguntou Kabryel.

– Parece que deverá continuar a obra do pai, terminando a construção de Menefer e prosseguindo com os reparos nos canais, nas dragagens do Norte e na abertura de novos canais no Sul.

– Ótimo! Fico feliz. No entanto, pude observar que tem tendências de se tornar um conquistador, não é?

– Sim, mestre Kabryel. Infelizmente, já estica os olhares para a Núbia e acredito que, se não se aventurar para aquela área, o seu filho e sucessor deverá invadi-la. Nenhum deles esqueceu o ataque de Chabataka.

Kabryel perguntou a Osíris:

– Então, como está Nârmer?

– Não podia estar melhor. Está se recuperando rapidamente de sua morte violenta, tendo ao seu lado sua adorada mãe Ísis.

Um dos presentes perguntou a Kabryel se Hórus, ou seja, Nârmer, iria voltar para Ahtilantê, e o grande espírito respondeu-lhe, amorosamente:

– Isto dependerá de seu coração, pois o lar do espírito é onde está o seu amor. Hórus e todos os que viveram para construir um futuro melhor tornam-se cidadãos do universo, sendo chamados de Filhos do Altíssimo. Por isso todos os lugares lhes pertencem, são parte de tudo o que existe, não importando se em Ahtilantê, Karion ou na Terra. Todos os lugares são moradas do nosso Pai Amantíssimo.

Havia ainda muita saga a ser vivida pelos capelinos, mas que iria se confundir cada vez mais com as peripécias dos próprios terrestres.

Coleção Completa de "A Saga dos Capelinos"

Pesquisas históricas demonstram que, num curto período de 50 anos, surgiram, numa única região, invenções como o arado, a roda, as embarcações, e ciências, como a matemática, a astronomia, a navegação e a agricultura. Que fatos poderiam explicar tamanho progresso em tão pouco tempo?

Leia
"A Saga dos Cape-
linos" e conheça a
verdadeira história
da humanidade

HERESIS

Esta edição foi impressa em maio de 2018 pela Assahi Gráfica e Editora Ltda., São Paulo, SP, para o Instituto Lachâtre, em formato fechado 155x225mm e com mancha de 115x180mm. Os papéis utilizados foram o Off-set 75g/m² para o miolo e o Cartão Supremo Triplex 300g/m² para a capa. O texto foi composto em Berkeley LT 10,5/12,85, os títulos foram compostos Berkeley 24/28,8. A revisão textual é de Cristina da Costa Pereira e Kátia Leiroz, e a programação visual da capa de Andrei Polessi.